# CONSULTATION

## DE M. LINGUET,

### AVOCAT,

En Réponse à la Consultation sur la Discipline des Avocats, imprimée chez Knapen, en Mai 1775.

## A BRUXELLES.

1776.

# AVERTISSEMENT.

L'OBJET de la Confultation à laquelle je vais répondre, eſt de juſtifier toutes les intrigues que l'on s'eſt permiſes contre moi : il feroit diffi-cile qu'on me conteſtât le droit de la réfuter. Ce travail de ma part eſt d'autant plus néceſſaire que cet Imprimé, deſtiné à faire illuſion au public, eſt très-propre à produire cet effet par l'art avec lequel il eſt écrit, & ſur-tout par la modération envenimée avec laquelle les traits les plus cruels y ſont déguiſés : heureuſement il porte tout entier ſur une ſuite d'équivoques & d'inconſéquences bien abſurdes.

Avant de les diſcuter article par article, je crois devoir remettre ſous les yeux de mes lecteurs les réflexions générales que j'ai déja Publiées ſur le fonds du ſyſtême des *Avocats* de Paris. Ils ſuppo-ſent que pour l'honneur de leur profeſſion & la ſûreté commune, il eſt néceſſaire de leur attri-buer une police, qu'ils appellent *Cenſure*, déga-gée de toute eſpece d'entraves, qui puiſſe, en procédant ſans formes, ſans régles, prononcer ar-bitrairement ſur le ſort des Citoyens aggrégés à ces Compagnies ; & que ces Arrêts ne ſoient ſoumis ni à l'inſpection des Tribunaux, ni à leur réviſion. Pour juſtifier ce *paradoxe* vraiment étrange, on s'appuie de l'exemple de la *Cenſure* chez les Romains. Cette Magiſtrature terrible, fut, dit-on, dans cette Ré-publique la ſauve-garde des mœurs ; & l'on affir-me qu'elle avoit tous les priviléges revendiqués par la *Cenſure* moderne.

Les Inventeurs de ce ſyſtême, ne ſont ni des Spéculateurs judicieux, ni des Antiquaires inftruits.

D'abord la nature de notre Gouvernement exclut cet établiffement meurtrier, éclos tout récemment de leur imagination exaltée. Une Magiftrature ou un fantôme de Tribunal, qui auroit le droit d'enlever à des Sujets leur état & leur honneur, fans conftater de griefs, fans rendre de compte, fans craindre de réforme en cas de méprife, ne peut exifter dans une Monarchie. L'impoffibilité d'y être jugé autrement qu'avec des formes, eft dans cette efpéce d'adminiftration l'unique dédommagement de tous les inconvéniens qu'elle peut entraîner d'ailleurs. Il n'y eft pas permis au Citoyen de s'y défendre autrement que par des voies légales. L'action d'appeller le Peuple à fon fecours, contre un Magiftrat ou un Particulier vexateur, eft légitime dans une *Démocratie*, parce que c'eft le Peuple qui eft le Prince. Dans une *Monarchie* ce feroit un attentat, un crime de lèfe-Majefté, parce que ce n'eft pas le Peuple qui eft Souverain. C'eft au Prince feul que l'opprimé peut avoir recours : & ce recours il ne peut l'exercer que par des voies judiciaires : ce n'eft donc que par des voies judiciaires auffi, qu'il doit être attaqué & jugé.

S'il exiftoit un Gouvernement où un Citoyen pût être condamné fans formes, & où cependant les Tribunaux ne connuffent que des condamnations prononcées avec des formes, il s'enfuivroit qu'il y auroit dans cette adminiftration un moyen fûr de perdre qui l'on voudroit fans reffource : en employant ce moyen détourné, mais affuré, de donner la mort, on auroit la certitude que le bleffé imploreroit en vain le fecours de la Juftice. Cette manœuvre répugne à l'efprit, à l'effence de la Monarchie.

Le Souverain y est garant à tous les hommes qui reconnoissent son pouvoir, de leurs propriétés : c'est-là le but de son institution : or l'état & l'honneur occupent le premier rang parmi les biens qui sont censés appartenir à tous les Membres d'une Société : ce sont donc là sur-tout ceux que le Souverain doit leur conserver. De là il suit que le devoir imposé aux Magistrats dans toutes les Sociétes, de veiller à l'observation des Loix en faveur du foible, est plus strict encore, plus impérieux, dans celles où une seule main dispose de toute l'autorité.

Si dans les Républiques on suit impunément d'autres maximes, c'est qu'il y a des moyens d'en prévenir les abus, ou que ces abus eux-mêmes y deviennent une compensation necessaire des biens qu'y fait la liberté : mais dans une Monarchie, encore une fois, il faut essentiellement les proscrire (1). N'est-il pas étonnant que dans un Etat fondé depuis 1400 ans sur l'administration d'un Roi, des Gens de Robe prétendent sans

______________

(1) Voilà peut-être ce qui distingue essentiellement la *Monarchie* de la *République* ; cette division caractéristique est plus sûre que celle de *l'honneur*, qui suivant *l'Esprit des Loix* est le ressort de l'une, tandis que la *vertu* est l'ame de l'autre.

Dans celle-ci il est impossible que les formes soient scrupuleusement respectées, parce qu'il n'y a pas de citoyen qui ne puisse à chaque instant en provoquer le changement, & qui n'ait le droit de les attaquer, comme faisant lui-même partie de la Souveraineté au nom de laquelle on les emploie ; au lieu que dans la Monarchie elles doivent être essentiellement sacrées, inviolables ; rien ne doit se faire sans elles ; il n'y a as de Membre de l'Etat qui ne doive y être soumis : parce qu'il n'y en a aucun d'eux qui puisse prétendre au droit de les établir, aucun qui ait celui de s'en plaindre quand le Prince les a consacrées. Il est de l'essence d'uen République que tout y change avec la volonté du peuple, qui se régit lui-même : il est de l'essence d'une Monarchie que tout y soit immuable, que les formalités y soient sacrées, parce que.....
& qui ne m'entendra pas ?

cesse s'appuyer sur des noms & des exemples ti-
rés de l'Histoire des Républiques ? Les Sujets d'un
Monarque ne doivent jamais crier *que vive le Roi*,
& non pas *vivent les Grecs*, *vivent les Romains*,
*vivent les Anglois* ; car enfin, d'après les exemples & les similitudes, il n'y a pas jusqu'à *Mandrin*
qui n'eût pu justifier ses brigandages : il auroit pu
se dire le successeur des *Graches*, & réclamer
la puissance *Tribunitienne*. Il auroit pu comparer
ses excursions sur les Riches & sur les Financiers,
avec l'exécution des *Loix agraires*, & les présen-
ter au Peuple comme un nouveau Code imaginé
en sa faveur, pour mettre un peu plus d'égalité
dans le partage des biens. Il auroit pu dire qu'il
étoit un *Censeur* exact, & que s'il se dispensoit
des formes, c'étoit pour apporter plus de célérité
dans ses opérations. Il auroit pu trouver dans la
Brochure dont nous parlons, l'apologie de son
*Tribunat*. Premier point bien essentiel : la *Censure*
est incompatible avec la Monarchie en général.

Mais on est bien plus surpris quand on voit, en
approfondissant cette matiere, que cette prétendue Magistrature que les Avocats réclament avec
tant d'emphase pour justifier leurs excès, étoit in-
connue, même dans la République, par l'exemple de laquelle ils prétendent la justifier.

En quoi consiste-t-elle, suivant eux ? Dans
l'exercice d'un despotisme sans frein, d'un pouvoir illimité, sans régles, sans formes, sans me-
sures : dans le droit de juger sans le concours des
Tribunaux, sans qu'ils puissent ni demander compte
des motifs, ni surveiller les décisions, ni les rec-
ifier. Ce seroit la honte du *Peuple Roi*, d'avoir
ouffert au sein de la liberté un esclavage aussi hu-
miliant, & celle de ses Législateurs de l'y avoir
introduit. Mais il n'en étoit rien : nous allons faire

voir en peu de mots aux *Cenfeurs* modernes, avec
quelle modération, quelle intégrité, & fur-tout
quelle fubordination les *Cenfeurs* anciens exerçoient
leur miniftère, & par conféquent quelle différence
il y auroit entre eux & leurs impitoyables imitateurs.

Le *cens*, où l'infcription fur le *tableau* de chaque
ordre de l'Etat, fe faifoit en public, en préfence
de tout le Peuple affemblé, & comment y pro-
cédoit-on ? *Tite-Live* nous l'apprend.

*Il a été ordonné par nos Peres*, dit-il, *que les
Cenfeurs ne pourroient exclure perfonne du Sénat,
fans en écrire les raifons.* En conféquence Caton,
le plus rigide, le plus redouté des *Cenfeurs*, ne
fit aucune radiation, fans la motiver par des difcours très-véhémens, qui *exiftoient encore* du temps
de l'Hiftorien : parmi ces monumens de fa févérité,
*on diftinguoit fur-tout ceux qu'il prononça contre
Quintus Flaminius*, perfonnage confulaire. Les
preuves des faits y étoient développées avec toutes
leurs circonftances. En voici un.

Il commandoit dans les Gaules à nos ancêtres.
Il traînoit avec lui un jeune favori qu'il honoroit
d'une amitié fcandaleufe. Un Noble du Bourbon-
nois vint lui faire la Cour pendant fon fouper.
*Nous n'avons point ici de Gladiateurs*, dit tout
d'un coup le Proconful à fon mignon, *veux-tu,
pour te dédommager, voir mourir tout-à-l'heure ce
Grand Gaulois-là ? L'autre ayant fait figne, en
badinant, que oui, on vit le Magiftrat fe lever,
donner d'abord à l'étranger, au milieu de fon com-
pliment, un grand coup de fabre fur la tête, puis
le pourfuivre & lui percer le côté, au milieu des
cris de cet infortuné, qui reclamoit la foi du Peuple Romain & le fecours des affiftans.

Il faut avouer que ce ne font pas-là des baga-
telles. La preuve étoit acquife. Cependant Caton,

A 3

après l'avoir bien établie, *laiſſa Quintius le maî-*
*tre de ſe juſtifier*, dit l'Hiſtorien : *il lui permit de*
*ſe défendre & de nier le fait s'il l'oſoit, ainſi que*
*tous les détails dont il venoit de faire l'énuméra-*
*tion.* Voilà comment le plus dur, le plus févere,
le plus inexorable de tous les hommes exerçoit la
cenſure

*Scipion l'Africain* parvint à cette dignité. Un
Chevalier Romain nommé *Licinius*, aggrégé à
un Collége de Pontifes, ſe préſenta avec ſon
cheval pour être inſcrit ſur le tableau de l'ordre
équeſtre. Le vainqueur de *Carthage* élevant la
voix pour être entendu de toute l'aſſemblée,
accuſa le Prêtre Chevalier de faux ferment. Il dé-
clara qu'il avoit la certitude du crime ; il invita
ceux qui pourroient en avoir quelques connoiſſan-
ces, à les communiquer. Perſonne ne s'étant pré-
ſenté, il ne raya point le coupable, & lui fit
rendre ſon cheval. *Ainſi*, obſerve Cicéron, qui
cite cet exemple, *celui dont le Peuple Romain &*
*tout l'Univers s'étoit accoutumé à reſpecter les déci-*
*ſions, ne voulut pas s'en rapporter à lui-même quand*
*il s'agiſſoit de flétrir un Citoyen.*

Ces *Cenſeurs* - là, comme on le voit, étoient
bien loin d'adopter des *bruits publics* des *ſoup-*
*çons*, pour regle de leur conduite, & pour auto-
riſer la perte des Citoyens. Ils auroient bien rougi
s'ils avoient pu deviner qu'un jour, dans un petit
coin de *la Gaule*, on s'autoriſeroit de leur exemple pour attribuer cet horrible privilege à une pe-
tite ſociété qui diroit le tenir d'eux.

Voyons maintenant s'il eſt vrai qu'ils euſſent
le droit de faire impunément tout ce qui leur plai-
ſoit, & que les Loix tombaſſent dans l'impuiſſance
dès qu'un Cenſeur oſoit ſe permettre de les violer.

*Fulvius Flaccus* ayant remporté des victoires en

Espagne, avoit fait vœu de bâtir un Temple à la
Fortune. Il vouloit concilier l'économie avec la
magnificence, & ses intérêts avec sa piété. Il avoit
entendu parler d'un Temple de *Junon* en Calabre,
couvert avec des tuiles de marbre : il les fit enlever pour décorer celui de sa Fortune, de Rome.
Les dévôts de Calabre n'oferent d'abord l'en empêcher, parce que la *puiſſance Cenſoriale les ef-
frayoit.* Cependant on apprit à Rome d'où venoit
ce toît brillant. Tout le Sénat en fut outré. On
exigea que les Conſuls fiſſent le rapport de cette
affaire en pleine aſſemblée. Le Cenſeur fut forcé
d'y comparoître, & *il y fut vivement réprimandé
par tous ceux qui étoient préſens, tant en particulier qu'en commun.*

Après ces préliminaires déſagréables, l'affaire
fut rapportée; il n'y eut *qu'une voix pour condamner le raviſſeur à rendre à Junon ſes tuiles.* Il y
eut même *des ſacrifices expiatoires offerts à la
Déeſſe.*

Cet exemple prouve que des Cenſeurs injuſtes
& avares, pouvoient bien quelquefois abuſer de
leur puiſſance ; qu'ils pouvoient voler un Dieu pour
en enrichir un autre ; mépriſer la Femme de *Ju-
piter,* & n'adorer que la Fortune : mais il prouve
en même-temps qu'un Sénat éclairé, juſte, intré-
pide, au lieu d'être intimidé par le titre terrible
dont ils étoient armés, les réprimoit ſévérement
quand ils en abuſoient.

Une troiſieme différence bien eſſentielle entre
la *Cenſure Romaine* & celle qu'une cabale ſéditieuſe
voudroit naturaliſer en *France,* c'eſt que l'effet
de la premiere n'étoit ni durable ni flétriſſant ; en
ſuppoſant que la mauvaiſe humeur d'un Cenſeur
l'eût emporté ſur la juſtice, quand les deux années
& demie de ſon pouvoir étoient expirées, l'exclus,

A 4

frappé par lui, pouvoit être réhabilité avec bien moins d'appareil encore qu'il n'en avoit fallu pour le dégrader. Il pouvoit prétendre à toutes les dignités. Il y parvenoit. *Cicéron* obferve que jamais dans *Rome, les rigueurs Cenforiennes n'avoient été regardées comme des jugemens.* Il cite l'exemple de *C. Getta. L. Metellus & C. Domitius, Cenfeurs, l'avoient rayé du Sénat. Bientôt après il fut élu Cenfeur lui-même ; ainfi celui dont les mœurs avoient été reprifes par ces Magiftrats, devint l'infpecteur des mœurs du Peuple Romain & de ceux-mêmes qui avoient févi contre lui.*

Deux autres Sénateurs ayant été accufés de péculat, & rayés par *Gellius & Lentulus, deux Cenfeurs bien illuftres, deux hommes très-fages,* dit encore Cicéron, *non-feulement ils rentrerent dans le Sénat, mais ils furent judiciairement abfous des crimes dont les Cenfeurs les avoient jugés coupables.* Ce qui prouve qu'on n'étoit jamais déclaré *non-recevable* à Rome, quand on fe pourvoyoit contre les erreurs des Cenfeurs : à combien plus forte raifon contre leurs vengeances (1).

Cette maxime n'eft pas tout-à-fait conforme à celle des Cenfeurs nouvellement créés aux bords de la Seine vers le milieu du dix-huitieme fiecle.

On voit donc que jamais rien n'a moins reffemblé à la *Cenfure* ambitionnée de nos jours, que celle qu'exerçoient à Rome ces Généraux invincibles, ces Sénateurs éclairés, qui gouvernoient le monde par leurs décrets, après l'avoir fubjugué

---

(1) Cicéron va jufqu'à dire qu'un Jugement prononcé dans les formes par un affranchi des Cenfeurs, auroit plus de force que celui de fes anciens maîtres, *parce que,* ajoute-t-il, *nos ancêtres n'ont pas voulu que l'honneur, ou même le moindre intérêt pécuniaire d'un citoyen pût dépendre d'une autre autorité, que de celle d'un Tribunal régulier.*

par leurs légions. Mais voici quelque chose de bien plus admirable. C'est qu'il semble que Cicéron ait prévu l'abus que des esprits faux pourroient faire un jour de ce mot terrible, qu'il ait voulu en préserver la postérité par les avis les plus sages.

*Avant tout*, dit-il, *il faut régler si une chose doit passer pour vraie, parce que les Censeurs l'auront écrite, ou s'ils n'ont le droit de l'écrire qu'autant qu'elle sera vraie. Si elle est réputée vraie par cela seul qu'il leur aura plu de l'adopter, prenez garde que c'est leur assurer un pouvoir despotique sur chacun de nous : prenez garde que le crayon des Censeurs pourra faire plus de mal à la République que les plus cruelles proscriptions. Prenez garde que nous n'ayons à redouter ce* POIGNARD CENSORIAL, *dont nos ancêtres ont tant travaillé à émousser la pointe, autant que le glaive d'un Dictateur. Mais si leur droit ne va qu'à constater ce qui est vrai, il faut donc que l'objet auquel ils s'attachent soit grave en lui-même : il faut le discuter soigneusement. Il faut écarter tout le faste imposant de la Censure, & n'admettre dans la cause, que ce qui est effectivement de la cause.*

Qu'on fasse attention à cette expression énergique, le *Poignard des Censeurs*, & qu'on juge comment l'Orateur Romain auroit qualifié les prérogatives monstrueuses que le Libelle ose révendiquer.

Il est incontestable que chaque Compagnie doit avoir une police, une *censure*, si l'on veut, une faculté de réprimande sur tous ses membres : mais cette police est-elle un despotisme insensé, & sans frein, ou bien la jurisdiction douce, morale qu'excerce un père de famille dans sa maison? celle-ci se borne à des avis, à des corrections secretes, à des mortifications intérieures : dès qu'il s'agit de crime, & de l'application des peines que la loi y attache, elle cesse. Le père qui prendroit sur lui de les ordonner, ne feroit pas moins réputé meurtrier de fon fils que le dernier des étrangers.

De même une fociété quelconque a fur les enfans adoptifs qu'elle nourrit dans fon fein une jurifdiction amicale & limitée. Par la conftitution même de la Monarchie, le droit de vie & de mort lui eft interdit, parce qu'il eft exclufivement confié au Prince, ou à fes repréfentans. Elle ne peut pas prononcer fur l'état, c'eft-à-dire, fur l'exiftence civile, parce que cet état, cette exiftence ne peuvent dépendre que des Tribunaux.

Les Confultans eux-mêmes établiffent cette vérité. *Les jugemens des Cenfeurs*, difent-ils, pag. 7, *ne différent de ceux que l'on porte dans le monde fur les mœurs & la conduite des hommes qu'en ce qu'ils prennent des précautions propres à fervir de barriere contre la légéreté & la précipitation.* Ils ne peuvent donc pas produire d'autres effets que ceux que l'on porte dans le monde ? Il peut en réfulter du mépris pour l'individu qui les aura encourus, une efpece de décri univerfel dont les Tribunaux ne pourront pas le venger, parce qu'en effet c'eft dans le cœur, dans l'opinion qu'il aura fa fource; mais il ne peut pas en réfulter la perte de l'Etat.

Cette cenfure reftreinte comme elle doit l'être à des effets intérieurs, à une police domeftique, fera indépendante de l'autorité, parce qu'elle ne difpofe que de ce qui ne dépend pas de l'autorité : elle pourra s'exercer fans loix, fans formes : tout membre qui ofera s'en plaindre, & effayer d'en fecouer le joug aura tort. Il y a plus : elle produira tous les effets utiles que la confultation attribue fauffement à ce tribunal defpotique & meurtrier, qualifié par elle de *cenfure*, & elle n'en aura aucun des inconvéniens, ou du moins ils ne feront que paffagers.

L'homme devenu suspect ne sera pas plus exclus de ses fonctions publiques, parce qu'il ne peut l'être que par l'autorité publique, *& après la forfaiture jugée :* il ne le sera pas même des assemblées, parce qu'elles ne peuvent se tenir qu'en vertu des Loix, & que tout citoyen qui n'est pas frappé d'une proscription légale doit y être admis : mais il y essuyera des désagrémens, des affronts pires qu'une proscription ; s'il s'asseoit sur un banc, il verra bientôt ce banc déserté, comme il arriva à *Catilina* au *Capitole.* Les *Sénateurs* de *Rome* valoient bien tous les *Maîtres* qui ont signé la consultation sur la *Discipline.* Ils ne rayerent point *Catilina* de leur *Tableau :* mais ils le laisserent seul du côté où il s'étoit assis. Le furieux incendiaire ne put soutenir cet affront, & s'exila lui-même du sanctuaire qu'il souilloit. Voilà l'espece de punition & de censure qui est au pouvoir des Compagnies : voilà ses effets à l'égard du coupable.

Si au contraire, comme il n'arrive que trop souvent dans ces Compagnies, elle a eu pour objet un innocent, que l'envie ait décrié, un homme juste que la calomnie ait noirci, le premier moment sans doute sera douloureux pour lui ; mais soutenu du témoignage de sa conscience, il continuera à se justifier par une conduite irréprochable ; les circonstances changeront ; la haine se lassera, ou plutôt s'attachera à d'autres objets : les honnêtes gens (car il y en a toujours dans toutes les Compagnies) suivront sa conduite : ils réfléchiront sur ses raisons & ses procédés : ils rougiront des manœuvres dont ils auront été les agens sans s'en appercevoir : ils reviendront, ils feront revenir les autres : une absolution flatteuse & honorable au Corps sera le prix de cette utile patience. Il se sera épargné à lui-même une injustice,

& confervé un membre qui l'honore , ainfi qu'à la
fociété un citoyen qui la fert.

Mais fi vous attachez , même à vos plus effrayantes méprifes , le droit terrible de l'infaillibilité ; fi
l'infortuné une fois réprouvé par vous eft irrémiffi-
blement condamné à la mort , & exécuté ; s'il ne
lui eft pas même permis de mettre des bandages
fur fes bleffures , & qu'il faille abfolument qu'il ex-
pire fous le coup dont vous l'avez frappé , même
injuftement , quelle reffource refte-t-il parmi vous
à l'innocence compromife par l'impofture ?

C'eft cependant celui que les Avocats prétendent avoir depuis un tems immémorial. Il faut
voir comment ils juftifient cette prétention.

**CONSULTATION**

*Sur la Discipline*

DES AVOCATS,

*Imprimée chez Knapen, en Mai 1775.*

LE CONSEIL SOUS-SIGNÉ, *consulté par les Avocats de Poitiers, sur cette question : Si le sieur Roblein, reçu avocat, a droit de les actionner pour les obliger à l'inscrire sur leur Tableau : EST D'AVIS, que la prétention du Sr. Roblein ne peut devenir l'objet d'aucune action contre eux.*

**REPONSE.**

VOICI l'objet apparent de cette Consultation.

D'après l'Arrêt du 29 Mars, la Compagnie des Avocats de *Poitiers* a cru pouvoir faire usage du despotisme qu'il sembloit autoriser. En conséquence elle a refusé d'inscrire sur son Tableau le sieur *Roblein*, sans vouloir rendre raison de ses motifs. Le sieur *Roblein* s'est pourvu au Parlement. Les Avocats de *Paris* n'ont pas manqué de venir au secours de leurs imitateurs. C'est à cette occasion qu'a été donnée cette *Consultation*.

En voici le succès.

Dès qu'elle a paru, le Parlement s'est empressé de proscrire les principes qui y sont développés. Le sieur *Roblein* a été inscrit au *Tableau de Poitiers*, par Arrêt du 28 Juin 1775, sur les Conclusions de M. l'Avocat Général d'Aguesseau.

## CONSULTATION.

*C'est une prérogative qui a appartenu de tout temps dans le Royaume, aux Compagnies d'Avocats qui exercent librement leur ministere, de rejetter de leur sein tous ceux qui ont violé les loix de l'honneur, ou les régles particulieres de leur état.*

*Les Magistrats ont toujours consenti que les motifs qui les avoient déterminés, restassent renfermés dans l'intérieur de leur discipline, & ils n'ont pris connoissance des différens qui tendoient à la compromettre, que pour la venger avec éclat.*

*Nous allons dévelop-per sur cette matiere les grands principes qui forment la base de notre mi-nistere. Ils ne font point consignés dans des écrits, le dépôt s'en est conservé dans nos cœurs.*

*Une tradition aussi an-cienne que les Tribunaux*

## RÉPONSE.

Il semble pourtant que ce n'est pas tout-à-fait la même chose ; *violer les loix de l'honneur* est un crime : violer les *régles particulieres d'un état*, n'est qu'une *faute*. Dès le premier pas les Con-sultans s'égarent ; & dans quelle matiere ?

Toujours ! Le succès de cette Consultation, l'Arrêt rendu en faveur du sieur Roblein, prou-vent le contraire.

Est-il bien vrai que ce soit l'Ordre qui va par-ler ? Avoue-t-il les Apô-tres qui prétendent ici venger ses droits, & prê-cher sa doctrine ? Mon cœur se refuse à le croi-re. La suite nous appren-dra ce qu'il en faut pen-ser.

Aussi ancienne que les Tribunaux ! Quelle mo-

CONSULTATION.

*nous a transmis notre discipline & nos usages. C'est pour la première fois que nous allons les exposer aux yeux des Magistrats & du Public.*

toutes les loix, toutes les régles, & même toutes les notions de vérité, de justice, & d'honneur.

*Ce sujet n'est pas seulement important pour tous les Avocats du Royaume, mais il intéresse encore, nous osons le dire, l'ordre public & tous les Citoyens.*

*La profession d'Avocat n'existe que par la confiance. Le serment qu'on prête dans les Tribunaux en donne le titre. L'opinion publique peut seule en donner l'exercice.*

REPONSE.

dération ! Pourquoi n'avoir pas dit antérieure aux Tribunaux & même à la création du monde ? Les principes que l'on va voir paroissent en effet avoir précédé

Cela est vrai : & c'est à cause du grand intérêt qu'il présente, qu'il faut une bonne fois l'approfondir.

La profession d'Avocat existe par la *volonté du Prince*, qui en donne le titre. *Le serment* prêté dans les Tribunaux, confére la *faculté de l'exercer devant eux*. L'opinion publique n'en donne que *l'occasion*. Ainsi au second pas, voilà sur la nature même de la profession d'Avocat, encore une méprise.

Il y a plus : on peut y trouver une énorme inconséquence. Si l'opinion publique *peut seule donner l'exercice*, elle peut donc seule aussi l'ôter : alors ce ne seroit plus à l'*Ordre*, mais au public qu'appartiendroit le droit de faire le *Tableau*. Et dans le fond, il n'y auroit peut-être pas d'autre moyen pour avoir de véritables Avocats. Du temps de *Cicéron* & d'*Hortensius*, il n'y avoit point de *Tableau*. Couvert de honte lui & son Client, le Défenseur de *Verrès* n'auroit point eu la satisfaction de se venger de son rival victorieux, en contribuant à l'exclure de la *tribune*.

## CONSULTATION.

*Les Avocats sont préposés à la garde* & *à la défense de l'honneur, de la vie* & *de la fortune des Citoyens.*

*Pour qu'ils* PUISSENT EXERCER LEUR MINISTERE AVEC FRUIT, *il faut que leurs Cliens s'abandonnent à leur foi, qu'ils ne craignent point d'ouvrir leur ame toute entiere à leur défenseur, & de déposer leurs secrets dans son sein, comme dans un sanctuaire inviolable. Ils doivent négliger avec lui ces précautions qu'on prend dans les affaires ordinaires, contre la fragilité ou la méchanceté secrete des hommes : elles glaceroient le zele, elles l'enchaîneroient, & feroient*

## REPONSE.

Et pour les rendre capables de remplir ce ministere, il faut qu'on puisse à eux-mêmes leur enlever sans forme de procès *l'honneur* & *l'état.*

Ce passage pourroit donner lieu à bien des réflexions. 1°. Dans ce qu'il contient de raisonnable, il n'y a pas un mot qui ne puisse également s'appliquer à l'*Ordre* des Procureurs, qui n'en font pas résulter de si fieres prérogatives. 2°. Qu'est-ce donc que ces grandes confidences, désignées ici avec tant de mystere & d'appareil tout-à-la-fois ? Si elles sont malhonnêtes, un Avocat ne doit pas les recevoir : si elles sont honnêtes, il ne faut pas tant

**CONSULTATION.** | *REPONSE.*

*roient dégénérer en un tra-* | tant de précautions pour
*fic mercénaire une inti-* | en a..urer le fecre..
*mité qui ne doit avoir* |    3°. Ne diroit-on pas
*que l'honneur pour bafe.* | que les Confultans fe re-

gardent ici comme les Médiateurs de ces grands intérêts, defquels dépend le fort des Empires ? Il ne faut pas traiter avec eux comme dans *les affaires ordinaires* ? Et quelles font donc les affaires dont ils traitent ? Ne font-ce pas des *fucceffions*, des *mariages*, des *contrats de vente*, *d'achat* ? Affurément ce ne font pas là des affaires bien extraordinaires ? Sur fix cens Avocats, il n'y en a pas dix qui en aient traité d'autres dans le cours de leur vie.

   4°. Qu'entendent les Confultans par ces *précautions* qu'il faut négliger avec eux, de peur de les *glacer*, de les *enchaîner*, de faire *dégénérer* leur zele ? C'eft celle de tirer des *récépiffés* des pieces qu'on leur confie, & des *quittances* de l'argent qu'ils exigent ; leur maxime inviolable, comme ils vont le dire, c'eft qu'ils n'en doivent jamais donner : voilà une des *regles particulieres* de leur *état*, dont l'infraction eft punie des mêmes peines que *celle des Loix de l'honneur*, & qu'ils croient par conféquent interdites à un *honnête-homme :* maxime féditieufe, qui choque des loix folemnelles, promulguées par le plus jufte, le plus fage, le plus révéré de nos Rois, le bon, le grand *Henri IV* ; maxime fauffe, plus propre à néceffiter des fubterfuges, que des fcrupules, plus favorable à l'hypocrifie qu'à la délicateffe ; maxime abfurde, qui tend à dégrader une Compagnie refpectable, appellée à remplir auprès du Trône les mêmes fonctions que rempliffent les autres Avocats auprès des Jurifdictions ordinaires,

B

ceux du plus grand nombre des Cours du Royaume
qui donnent des *quittances* ; & les Magiftrats mêmes
qui ne fe chargent au Greffe des pieces dont ils font
Rapporteurs, qu'en donnant des *récépiffés* ; maxime dangereufe, qui ne peut produire aucun bien,
& peut couvrir tous les abus ; maxime imprudente,
qui autoriferoit à croire que fes inventeurs ont fon-
gé bien moins à s'interdire l'infidélité & la con-
cuffion, qu'à en cacher les traces, s'il leur arri-
voit d'en commettre ; car enfin, jamais un dépo-
pofitaire exaɛt n'a cru s'avilir en conftatant la confiance qui l'honore, & quand un honoraire n'eft
pas exceffif, on n'a jamais à rougir de l'avoir reçu. Que penfer des motifs qui font dire aux Confultans que cette obfcurité myftérieufe leur eft néceffaire *pour qu'ils puiffent exercer leur miniftere*
*AVEC FRUIT.*

| CONSULTATION. | *REPONSE.* |
|---|---|
| *De là vient que lorf-que les aɛtes les plus im-portans, des titres origi-naux, & dont la perte feroit irréparable, font confiés à la foi des Avo-cats, ils n'en donnent jamais d'autres garans que la probité attachée à leur miniftere.* | C'eft un grand abus : d'abord parce que dans fix cens Avocats il peut s'en trouver quelques-uns capables d'une pré-varication. 2°. Parce que certainement ils'en trou-ve de peu foigneux, qu'alors le client peut être la viɛtime d'une négligence. Du moins ne |

faut-il pas expofer le dépofitaire à la tentation de
s'abfoudre lui-même d'un mot, de balancer entre
fa confcience qui le condamne à la reftitution, &
fa fortune qui en feroit renverféé. 3°. Un Avocat
peut mourir fubitement, & avoir des héritiers

moins délicats que lui ; alors quel fera le recours des Cliens, dont les pieces fe feront perdues dans le cabinet du défunt ? On ne finiroit pas fi l'on vouloit entrer dans le détail de tous les abus que cet étrange ufage entraîne ; & s'il fe trouvoit enfin que le vrai motif de cette obftination à ne vouloir pas donner de *récépiffés* des pieces qu'on leur confie, fût.... Ah, parlez, Plaideurs, qui avez fubi cette épreuve, & dites-nous fi elle avoit pour objet de vous laiffer la liberté d'être ingrats.

## CONSULTATION.

*Comme il faut fur-tout que la religion des Juges foit inftruite, & que les deux Parties foient dé- fendues ; les Avocats fe communiquent récipro- quement les titres de leurs Cliens. Ces titres paffent des mains de leurs Défenfeurs dans celle du Défenfeur de la Partie adverfe, fous le fceau de la confiance que fe doi- vent entr'eux des hommes qui exercent un état dont la probité eft le premier appanage ; & ce qui prouve qu'ils n'ont pas été infideles au but de leur inftitution, & qu'ils n'ont pas démenti la pu- reté de leur origine, c'eft qu'il n'y a point d'exem-*

## REPONSE.

Il falloit dire que les réclamations ont été *étouffées*, ou que quand elles ont été hafardées, elles n'ont pas réuffi, *faute de preuve*. Mais cela même en donne une nou- velle du danger de ce pré- tendu privilege. Com- ment pourfuivre une ref- titution ou la prononcer contre des gens qui ne permettent pas que l'on acquierre contre eux le moindre indice du dé- pôt ? Le préjugé en faveur de la délicateffe des *Avo- cats* feroit peut-être bien plus fort, s'ils donnoient des *récépiffés*, & qu'on n'eût jamais été dans le cas d'en faire ufage.

Au refte, il y a bien

## CONSULTATION.

*ple qu'aucune prévarica-*
*tion , qu'aucun* foupçon
*même , dans une matiere*
*fi délicate, ait jamais por-*
*té atteinte à l'honneur de*
*leur profeffion.*

## RÉPONSE.

de l'imprudence à dire
*qu'aucun foupçon* n'a jamais donné lieu , dans
une matiere *fi délicate ;*
les Tribunaux , il y a
deux ans , ont encore
retenti d'une réclama-
tion juridique de ce genre. On n'a pas oublié
qu'un Avocat ayant été follicité de la foutenir, &
n'ayant point eu la prudence d'annoncer affez-tôt
qu'il ne s'en chargeoit pas , le reffentiment à cet
égard eft devenu l'une des caufes de toutes les
perfécutions qu'il a effuyées depuis. Et cet Avocat,
c'eft moi.

Quoi qu'il en foit , appréciez l'efprit & la mar-
che de la Confultation. Toutes les prérogatives
qu'on y reclame tiennent à la néceffité de maintenir chez les Avocats de Paris un ufage formellement profcrit par les Loix ; contraire à toutes les
idées fociales , & indécent même à propofer. Il
faut qu'ils aient le droit de perdre qui il leur plaît
de leurs Confreres, quand il leur plaît, fans raifon ,
fans forme de procès, & cela pour leur conferver
celui de difpofer arbitrairement des pieces dont
dépend le fort des autres Citoyens , des titres dont
la perte feroit irréparable.

*La Loi* a écarté *les*
*Parties du Sanctuaire de*
*la Juftice , & a voulu*
*qu'elles fuffent défendues*
*par les Avocats.*

Si cela eft vrai , le Mi-
niftere des Avocats ceffe
donc d'être libre : il eft
forcé: l'engagement doit
être réciproque : puifque
la Loi forceroit les Par-
ties à fe fervir d'eux , elle doit donc les forcer

auffi à fervir les Parties. Leur retraite, fous quelque prétexte qu'elle fût motivée, ne feroit pas feulement une trahifon ; ce feroit une révolte. La Confultation qui n'eft deftinée toute entiere qu'à démontrer le droit qu'ont les Avocats de refufer leur miniftere, n'eft plus qu'une longue & criminelle inconféquence.

Mais elle en contient tant d'autres , que je puis leur faire grace de celle-là. Ici les Confultans calomnient la Loi , pour avoir le plaifir de dire une abfurdité de plus. Rien n'eft plus faux que leur principe. Il n'y a pas de Loi qui écarte les Parties de ce Sanctuaire : il ne peut pas y en avoir : une Loi pareille feroit trop contraire au droit naturel. L'ufage feul a introduit l'habitude d'employer des Avocats , & l'efpérance d'être mieux fervi par eux que par foi-même , a infenfiblement confacré cet ufage qui ne lie cependant que ceux qui le veulent bien. Mais quand cette Confultation a été donnée , un exemple célebre en ce genre alarmoit le Barreau. On craignoit qu'il ne trouvât des imitateurs : voilà ce qui a engagé les Confultans à prêter à la Loi un mouvement & une volonté qu'elle n'a jamais eus.

. . . . . . . . .
. . . . . . . . .

<table>
<tr><td>CONSULTATION.</td><td>REPONSE.</td></tr>
<tr><td>Les Magiftrats guidés par les mêmes principes de confiance , que le Miniftere des Avocats doit univerfellement infpirer , ne balancent pas à adopter les Jugemens dont les</td><td>Un Avocat qui feroit une pareille déclaration fans l'aveu de fa Partie , feroit un prévaricateur ; s'il ne trouve pas de moyens , il doit rendre la Caufe , & non pas</td></tr>
</table>

**CONSULTATION.**  *RÉPONSE.*

*Avocats font convenus entr'eux, & à fuivre la foi d'un Avocat qui déclare qu'il n'a pas trouvé de moyen pour défendre la Caufe dont il eſt chargé.*

livrer fon Client à fon adverfaire. S'il la fait de l'aveu de la Partie, il y a peu de gloire à tirer de ce que les Juges ne *balancent pas* à l'adopter : d'ailleurs il n'y a encore rien là qui ne convienne & même bien mieux aux *Procureurs.*

*La pureté inaltérable qu'une fi grande confiance exige, n'a pu fe maintenir dans l'Ordre des Avocats, qu'à la faveur de la difcipline qu'il exerce fur fes Membres.*

La pureté inaltérable qui honore la Compagnie des *Avocats aux Confeils*, prouve que la difcipline des *Avocats au Parlement* n'eſt pas néceffaire pour la maintenir. Dira-t-on que les premiers ne font pas *Avocats*, qu'on ne leur confie pas des *intérêts précieux*, des titres dont la perte feroit irréparable ? Ils ont une police févere fans doute ; mais elle n'eſt pas fondée, comme celle dont on va voir le tableau, fur le délire du defpotifme le plus étonnant qui ait jamais exiſté.

*Les Détracteurs de cette difcipline, s'il en exiſte encore, font bien aveugles de ne pas voir qu'elle renferme beaucoup plus d'utilité pour le Public, que d'avantages*

Ne vous enorgueilliffez pas de cet avantage, & fur-tout n'en félicitez pas le public. Ce font les Cliens qui font tous les frais de votre vèrtu, ce font eux qui en

**CONSULTATION.**     *R E P O N S E.*

*pour nous. Tous nos Concitoyens en profitent, & nous seuls en portons tout le poids.*

courent tous les risques.

*C'est un frein que nous avons de plus qu'eux : ce sont les* chaînes de l'honneur *que nous nous glorifions de porter.*

Et quelle est la Société où l'on ne porte pas ces chaînes ! Les Consultans ont un étrange mépris pour le genre-humain.

*Si on nous privoit de notre discipline , si on ôtoit cette* seule barriere *qui puisse être opposée à l'iniquité dans notre état.*

*La seule* ! Quoi ! la seule barriere qu'on puisse opposer à l'iniquité dans l'état d'Avocat , c'est le pouvoir de la commettre impunément ! Je ne voudrois pas ici faire à beaucoup d'honnêtes gens qui l'exercent, l'affront de croire que la nécessité de donner des récépissés fût en effet *la seule* ; mais eux-mêmes du moins conviendront que c'en seroit une seconde.

*S'il suffisoit , pour être appellé à notre Ministere de n'avoir pas été flétri par une condamnation, les plus justes alarmes se répandroient parmi les Citoyens assez éclairés pour en sentir les conséquences.*

Au milieu de la modération apparente de cet écrit , il est plein de traits tels que celui-ci , plus sanglants mille fois , que ceux dont les hommes qui l'ont muni de leurs signatures, ont paru si violemment révoltés.

## CONSULTATION.

*Quel est notre but, lorsque nous paroissons jaloux de notre discipline ? c'est d'empêcher que l'ombre même du crime ne puisse habiter parmi nous. Lorsque nous avons été inscrits sur le Tableau, nous avons contracté l'engagement de nous soumettre au jugement de nos Confreres, sur la plus légere accusation qui nous seroit intentée ; de marcher toujours d'un pas si ferme & si assuré, dans les voies de la vertu, qu'aucun soupçon ne pût s'élever sur notre Ministere ;*

l'accuse. On ne promet pas de n'être jamais malade : on ne peut point promettre de ne pas essuyer de calomnie.

*Et de consentir à être plutôt sacrifiés comme des victimes innocentes à l'honneur de notre Ordre, que d'y rester avec une probité qui auroit paru environnée de quelques nuages.*

## REPONSE.

Si c'est-là l'engagement que vous contractez, c'est une énorme imprudence, contre laquelle l'honneur même vous forceroit à reclamer. Il y auroit de la folie à jurer qu'on ne sera jamais l'objet *du soupçon*, parce que le soupçon peut venir d'une fraude étrangere dont nous ne sommes pas les maîtres. Tout ce qu'un homme honnête & sage peut promettre, c'est de ne jamais donner lieu à un soupçon fondé : or cet engagement lui laisse, lui assure la ressource de la discussion, quand on

Qui auroit paru ! Il n'y a pas un Avocat au monde, qui, sommé de déclarer sur son honneur, sur sa conscience, si c'est-là à quoi il a entendu se soumettre en embrassant cette pro-

feſſion , ne ſe récriât avec horreur ; à moins
que ce ne fût un de ces hommes qui n'ont rien
à perdre , devenus invulnérables à force de bleſ-
ſures ? Penſer autrement , ce ſeroit faire dépendre ſon honneur & ſon exiſtence des égards de la
calomnie. L'Ordre qui exigeroit des récipiendai-
res un pareil ſerment , ſeroit le plus monſtrueux ,
le plus tyrannique de tous les Corps , & tout à la
fois le plus extravagant. Pour le réduire à rien ,
pour l'anéantir , il ſuffiroit donc d'en calomnier
ſucceſſivement tous les Membres. Il ne pourroit
être compoſé que d'hommes inſenſibles à l'honneur , puiſqu'il ne leur ſeroit pas permis de défendre leur réputation ; puiſqu'à l'*apparence* d'un
nuage élevé ſur leur probité , ils ſeroient obligés
de ſe ſacrifier eux-mêmes , & de paſſer condamnation : ce honteux dévouement eſt contraire à
la Loi naturelle : il l'eſt à celle des Sociétés : il
l'eſt à celle de la Religion. L'Ecriture qui exige le
ſacrifice de l'amour - propre , qui commande l'a-
néantiſſement des paſſions , ne permet pas d'ou-
blier le ſoin de la gloire & de l'honneur. *Curam habe
de bono nomine* , dit le Sage. Les quinze Conſultans ſeront de tous les hommes les ſeuls qui auront jamais oſé haſarder la maxime contraire.

Quel eſt le véritable engagement contracté par
un Avocat qui ſe laiſſe mettre ſur le Tableau ? Je
l'ai dit en plaidant le 11 Janvier : « Vous avez
» droit de prononcer ſur mon ſort en premiere
» Inſtance : Vous avez ſur moi ce droit, comme
» je l'ai ſur vous. En entrant dans cette Aſſocia-
» tion reſpectable , j'ai conſenti , *ſi je manquois
» aux Loix de l'honneur* , qui en eſt le lien , de
» vous prendre pour Juges : oui pour Juges ; mais
» non pas pour aſſaſſins ; & ſi le meurtre , même
» d'un criminel , ſans formalités , eſt un aſſaſſinat ,

» que fera donc celui d'un innocent ?

» Quand j'ai employé ma jeuneſſe ſous la ſau-
» ve-garde des Loix , à me rendre digne d'un
» Etat pénible & utile au Public , ce n'a pas été
» pour courir le riſque de me voir dans l'âge
» mûr, exclus de cet Etat , exclus par un capri-
» ce odieux, exclus avec une ignominie qui me
» fermeroit l'entrée de tous les autres, en ſuppo-
» ſant que j'euſſe des talens univerſels. Il faut un
» délit pour motiver cette mort rigoureuſe. »

| CONSULTATION. | *REPONSE.* |
|---|---|

*On trouvera ces regles très-ſéveres ; elles paroiſ-ſent telles auſſi à nos yeux ; elles ſont propres à nous faire trembler , & à mêler bien de l'a-mertume à nos travaux dans les affaires épineu-ſes dont nous ſommes* quelquefois chargés ; *mais nous les jugeons néceſſai-res. Telle eſt la nature des liens que notre Miniſtere forme entre ceux qui l'exercent , qu'il eſt auſſi eſſen-tiel à un Avocat d'avoir la confiance de ſes Con-freres , que celle de ſes Cliens. Notre objet étant en-core plus de* manifeſter la vérité , *que de faire* triompher la cauſe que nous défendons.

Ceci eſt une forfan-terie de vertu , qu'il ne faut pas haſarder dans des écrits ſujets à contra-dction. Pourquoi donc les plus mauvaiſes Cau-ſes trouvent - elles des défenſeurs ?

*Nous agiſſons entre nous avec une confiance digne d'un ſi noble but : c'eſt par là que nous ſom-mes Confreres.*

On ne peut donc ceſ-ſer d'être *votre Confrere,* que quand on a man-qué à cette *confiance ,* ou qu'on a prouvé par des traits étrangers 

qu'on en est indigne ; mais ces traits qui eux-
mêmes après tout n'établiroient qu'un soupçon,
une probabilité, peuvent-ils être crus sur des soup-
çons, sur des probabilités ? Si un tel homme a
manqué de parole à son ami, il est vraisemblable
qu'il manqueroit de fidélité envers son Confrere,
sans doute : mais avant de le punir de la conséquence, vérifions au moins le principe, & cons-
tatons si en effet il est coupable envers l'amitié.

## CONSULTATION.

*Notre discipline est le gage de cette sécurité par-*
*faite dont nous avons besoin dans la libre com-*
*munication des titres de nos Cliens ; sécurité qui*
*fait notre gloire, & que nous sommes jaloux*
*d'inspirer tous au Pu-*
*blic.*

## RÉPONSE.

De là suit pour vous
l'obligation stricte, in-
dispensable de ne dé-
ployer la rigueur de vo-
tre discipline qu'envers
ceux qui seroient capa-
bles d'abuser de cette
communication, de fai-
re un dangereux em-
ploi de cette sécurité.
Dès que votre défiance
a un pareil but, l'homme que vous écartez est
donc déclaré prévaricateur ? Il est deshonoré.
Pour prononcer cette mort civile, il faut donc
un examen approfondi, des preuves rigoureuses,
des démonstrations évidentes. La raison dit, que
plus une condamnation est honteuse, plus elle
doit être motivée. Ce n'est pas là le raisonnement
des Consultans : dans leurs principes, la légéreté
de l'exclusion doit être proportionnée à la gravité
de ses effets.

Au reste, ce n'est pas d'aujourd'hui que les Ju-
risconsultes raisonnent ainsi, ni dans leurs affaires
seulement. *Menochius , Julius Clarus , Farina-*

*cius*, examinent méthodiquement l'*adultere* : c'eſt un crime, diſent-ils, *qu'il eſt très-difficile de prou-ver* : on croit qu'ils vont en conclure qu'il faut très rarement en admettre l'accuſation en Juſtice : point du tout, ils aſſurent que c'eſt une raiſon pour les Juges *de ne ſe pas rendre difficultueux ſur la preuve.*

## CONSULTATION.

*Vouloir nous contrain-dre à communiquer avec ceux que nous aurions cru ne devoir plus re-connoître pour Confre-res, ce ſeroit ſapper la baſe de notre Miniſtere.*

*Nos droits ſont à cet égard* les mêmes que ceux des Parties.

## REPONSE.

Pourquoi donc ? Dans votre Miniſtere : il n'eſt pas queſtion de *Confra-ternité*. Il y eſt queſtion d'attaque & de défenſe.

Vos droits *ſont les mêmes que ceux des Par-ties !* Qu'a donc à faire cette prétendue Con-fraternité entre vous ? Eſt-ce que le pauvre qui ré-clame contre l'oppreſſion eſt *Confrere* du riche qui l'écraſe ? Eſt-il plus néceſſaire que celui qui le dé-fend ſoit lié par la Confraternité avec celui qui combat pour ſon ennemi ?

*Vos droits ſont les mêmes que ceux des Parties !* Mais les Parties ont-elles celui d'exclure leurs Adverſaires du Barreau, de leur fermer la bouche arbitrairement ? Si elles ne l'ont pas, comment, vous qui les repréſentez, vous qui ne pouvez faire que ce qu'elles feroient, qui n'avez que leurs droits, oſez-vous revendiquer celui qui leur eſt eſſentiellement, néceſſairement interdit par la nature même des choſes.

*Vos droits font les mêmes que ceux des Parties !*
Mais un de leurs droits eft celui de choifir librement l'homme qu'elles veulent honorer de leur
confiance. M. le Maréchal de B.... en remettant
fes intérêts à M<sup>e</sup> *Gerbier*, à M<sup>e</sup> *Target*, en avoit
fait ufage. Comment s'eft-il fait que la Comteffe
de Béthune en a été privée ? M. le Maréchal
de B.... auroit-il pu exiger ce facrifice de fa Belle-
Sœur ? Non fans doute. Par quelle fatalité M<sup>e</sup> *Gerbier* & M<sup>e</sup> *Target*, qui n'avoient que les droits de
M. le Maréchal de B...., ont-ils eu des pouvoirs
que leur commettant n'avoit pas ? S'il peut être
ici queftion de raifon, les Confultants qui ont figné cet étrange Ecrit, oferont-ils jamais lever les
yeux devant quiconque l'aura lu.

## CONSULTATION.

## *REPONSE.*

*Il feroit auffi injufte
d'y porter atteinte, que
de forcer un Citoyen à
remettre fes intérêts les
plus importans entre les
mains d'un défenfeur qui
lui feroit devenu fuf-
pect.*

Quel parallogifme !
Si l'on me force à re-
mettre ma Caufe entre
les mains d'un Défen-
feur qui m'eft fufpect,
on m'expofe à la perdre :
on me fait une violence
inique : on contraint ma
confiance : mais qu'im-
porte encore une fois à mes intérêts, à moi, que
le Défenfeur que j'ai choifi foit fufpect à celui qui
prodigue fes fecours à mon Adverfaire ? Quand
deux Puiffances font en guerre, font-elles fort
jaloufes de voir régner une bien grande union
entre les armées levées refpectivement pour défendre les intérêts qui les divifent ? Les Parties qui
fe fubftituent des Avocats, doivent-elles defirer
entr'eux tant de dépendance les uns des autres ?

Sans doute il faut que l'honneur les enchaîne dans les combats qu'ils se livrent. Les surprises leur sont interdites, & par conséquent bien plus encore les trahisons. La guerre du Barreau, où il ne doit être question que de *Loix*, de *justice*, de *raison*, n'admet pas même les stratagêmes, les ruses que tolerent ces terribles plaidoieries, où l'on ne s'explique qu'avec du canon & des tambours. Voilà les regles qu'un Avocat doit respecter : s'il les viole, il faut le dégrader, le casser : mais il y auroit un très-grand danger & même de la folie à lui donner pour Juges uniques, ses rivaux, ses concurrens.

Qu'en résultera-t-il ? Que dans une affaire à laquelle un homme puissant sera intéressé, il commencera par attaquer le bras de son Adversaire, afin de s'emparer plus aisément d'une proie qui ne sera plus défendue ; il se servira des passions dont un Corps tel que celui des Avocats est nécessairement agité, pour perdre le Patron incorruptible qu'on lui oppose ; ou bien celui-ci menacé, se soumettra à une retraite prudente, à des ménagemens qui feront une véritable perfidie. Qui sçait à combien d'innocens cette affreuse police, cette meurtriere discipline a pu coûter, & coûtera, si elle est conservée, les biens, l'honneur & la vie ?

Que seroit devenu le C. de M. si l'avenir, dont aucun danger ne m'échappoit, m'avoit intimidé ? Les ames froides ont trouvé mon expression presque ridicule, quand au milieu des factions qui se réunissoient pour le perdre, j'ai osé dire que je serois, s'il le falloit, le *Curtius* qui acheterois son salut par mon dévouement. Eh bien, cette image, qui blessoit les yeux alors, est-elle si chimérique aujourd'hui ? Le gouffre ne s'est-il pas fermé par

le C. de M. ? N'a-t-il pas englouti ſon Défenſeur ?
Quel exemple pour quiconque auroit jamais les
mêmes devoirs à remplir, & les mêmes périls à
braver! Et vous dites, ô Avocats de Paris, que
vous êtes prépoſés à la *garde & à la défenſe de
l'honneur, de la vie & de la fortune des Citoyens!*

| CONSULTATION. | REPONSE. |
|---|---|
| *En vain ceux qui, après avoir embraſſé l'auſtérité de nos regles, voudroient enſuite s'y ſouſtraire, allégueroient-* | C'eſt ici que la ſurpriſe, & peut-être l'indignation, vont augmenter. |

*ils cette grande maxime*, qu'un Citoyen ne peut
être privé de ſon état qu'en obſervant les formes
preſcrites par les Ordonnances, & à la charge de
l'appel aux Tribunaux, *dépoſitaires de l'autorité
du Souverain.*

| *Elle ne peut point recevoir ici d'application.* | Et qui donc l'a décidé ? La Profeſſion d'Avocat eſt un état, ou |

elle n'en eſt pas un. Si elle n'en eſt pas un, on
ne peut pas l'ôter : alors malgré toutes les *radia-
tions* du monde, il n'y a perſonne qui n'y puiſſe
prétendre. Si c'en eſt un, pourquoi donc *la grande
maxime* qui défend de l'enlever à un Citoyen,
ſans *forme*, ſans *appel*, ne pourra-t-elle pas recevoir ici d'application ? Pourquoi de tous les hommes qui vivent en ſociété, un Avocat ſera-t-il le
ſeul pour qui la Juſtice, l'innocence, les Tribunaux, les Loix, ne puiſſent rien? Quel intérêt
auroit donc une aſſociation humaine quelconque,
d'adopter de ſi effrayans principes?
Il y a en France treize Parlemens, pluſieurs,

Cours supérieures, une infinité de Bailliages. Tous ces Tribunaux sont honorés par des Compagnies qui y remplissent, à l'abri des Loix, les fonctions d'Avocats. Qu'on en trouve une seule qui donne aujourd'hui sa sanction à cet étrange code. Je vais plus loin ; qu'on trouve un seul de leurs Membres bien famé, un seul Avocat au monde, même de ceux qui ont le plus de liaison avec Paris, qui signe la Consultation sans restriction ; qui dise je fais profession de croire qu'un Avocat peut être privé de ses fonctions, sans *examen*, sans *preuves*, sans *recours aux Tribunaux*, sur un *simple soupçon* ; je consens d'être ainsi traité, & j'obéirai sans murmure ; qu'on en trouve un, un seul, je me retire à l'instant, & j'abandonne ma reclamation.

## CONSULTATION.

*Il y a une différence essentielle entre une procédure tracée par les Loix, & une délibération fondée sur les mœurs.*

*Entre un Jugement qui prive un Citoyen de ses droits civils, & une résolution d'une Société particuliere de ne plus communiquer avec un de ses Membres.*

*Lorsque les Censeurs Romains excluoient un Sénateur de cette assemblée qui gouvernoit les Nations,*

## REPONSE.

Observons ce principe ; il est précieux : *il y a une différence essentielle.*

La *radiation du Tableau* ne prive apparemment pas un Citoyen de ses *droits civils*. Qu'entendent donc les Consultans par ces mots ?

La *Censure Romaine* étoit une Magistrature consacrée par les Loix. Ses abus même, si elle en

## CONSULTATION.

## RÉPONSE.

*Nations & qui jugeoit les Rois, ceux qui avoient essuyé cet opprobre n'étoient point reçus à poursuivre des Accusateurs, à prendre des Témoins à partie. L'Histoire nous apprend que tous les Ordres de ce Peuple-Roi courboient la tête en silence sous le joug de cette Magistrature si révérée, qui fut long-tems le plus ferme appui de la République, contre les désordres qui la firent enfin succomber.*

en produisoit, comme il est probable, étoient la compensation du bien de la liberté. Sa sévérité d'ailleurs avoit des adoucissemens, & même laissoit des ressources. Les Censeurs n'étoient en charge que deux ans. Leurs successeurs pouvoient rétablir ce qu'ils avoient détruit. Il y avoit mille moyens de remonter, sans eux, au rang dont on étoit déchu par eux. Un Sénateur qu'ils avoient dégradé n'étoit exclus d'aucun emploi. Il devenoit *Préteur*, *Edile*, & rentroit au *Sénat* par ces places ; enfin on pouvoit se pourvoir par-devant le *Peuple*, contre les dégradations prononcées par les *Censeurs* : l'Histoire en a conservé des exemples.

*De telles Magistratures* sont incompatibles avec la constitution d'une vaste Monarchie.

Et parce qu'elles sont incompatibles, on va nous assurer qu'il faut les y reproduire.

*Mais les Sociétés particulieres qui existent dans son sein, peuvent imiter les institutions admirables des anciennes Ré-*

Quoi ! les anciennes Républiques, celles de *Rome*, puisque c'est d'elle qu'il s'agit ici, n'avoit pas pour objet

**CONSULTATION.**　　*REPONSE.*

*publiques*, qui étoient moins deſtinées à aſſurer les propriétés, qu'à régler les mœurs, *& où les Légiſlateurs pouvoient négliger de marquer la peine dont on devoit punir les grands crimes, parce qu'ils avoient racé des moyens de les prévenir.*

d'aſſurer les propriétés? Quoi ! les Légiſlateurs n'y avoient pas fixé de peine pour les grands crimes ? Quoi ! les Cenſeurs n'avoient été inſtitués que pour ſuppléer à cette omiſſion. Si un profane ennemi du *Droit Romain* avoit haſardé une ſemblable erreur, comme on crieroit *au Paradoxe* ! Comme les Accuſateurs & les Faiſeurs de Libelles à leur ſolde, en groſſiroient leurs extraits ! Mais ce ſont les reſpectueux adorateurs du *Droit Romain*, les inflexibles Vengeurs de la gloire des *Pandectes* à qui elle échappe. Ils ont donc oublié que la Loi des *Douze Tables* contient des peines ſéveres : ils ne ſe rappellent pas que le *Parricide* à *Rome* étoit puni d'un ſupplice plus effrayant que la roue & le feu même. Ou leur haine pour la *Littérature*, comme ils le diſent à la fin de leur conſultation, ne leur a jamais permis de lire la belle Oraiſon de *Cicéron*, pour le *Morangiés* de ce tems-là, *pro Roſcio Amerino*, ou ils m'ont fait l'honneur de compter bien fortement ſur mon ignorance en *Droit Romain*.

*Il n'y a point en effet de Compagnie deſtinée à remplir un miniſtere honorable, qui admette ſans choix, ceux qui ſe préſentent pour être reçus, & qui n'exerce ſur ſes*

Cela eſt ſûr. Cela doit être. Cela eſt. Il ne s'agit que de fixer cette conſtitution, & d'après cela, les bornes & l'étendue de cette police.

Membres une forte de police *conforme à fa confti-*
*tution.*

<table>
<tr><td>

**CONSULTATION.**

*Au milieu d'une Na-*
*tion gouvernée par l'hon-*
*neur, on entend la voix*
*du fentiment qui repouf-*
*fe de toutes parts un*
*homme que* la vengeance
des Loix n'a pas frappé,
*mais qui a* été flétri *par*
*l'opinion publique.*

*Cette même voix ex-*
*clut un Membre* corrom-
pu *des Compagnies qui*
*exercent des fonctions im-*
*portantes à l'Ordre pu-*
*blic.*

</td><td>

**REPONSE.**

Qui a été flétri, oui
encore, cela eft incon-
teftable. Voyez par quels
préliminaires on prépare
la conféquence, c'eft-à-
dire, le droit qu'ont les
Avocats de procéder à
une *radiation !* & ce-
pendant bientôt on vous
dira du même ton dog-
matique, qu'elle n'eft
pas *deshonorante.*

Qui en doute ? C'eft
précifément encore une
fois ce qui doit rendre
l'exclufion plus difficile,
& affurer la protection
des Loix à quiconque
feroit menacé par la

</td></tr>
</table>

haine, par la jaloufie, par les cabales, infépara-
bles de tout ce qui s'appelle Corps, d'y être
foumis injuftement.

<table>
<tr><td>

*Leurs jugemens ne dif-*
*ferent de ceux qu'on por-*
*te dans le monde fur*
*les mœurs & la conduite*
*des hommes, qu'en ce*
*qu'elles prennent des pré-*
*cautions propres à fervir*

</td><td>

Ils n'en different qu'en
cela ? Mais ces jugemens
du monde, s'ils font in-
jurieux, donnent ouver-
ture à des plaintes, à
l'intervention vengeref-
fe des Tribunaux, & les

</td></tr>
</table>

**CONSULTATION.**

*de barriere contre la lé-*
*gérété & la précipitation.*
& des précautions, n'exigent
men, ni précaution, ne
vision des Tribunaux.

*Mais ces précautions*
*font toujours diftinguées*
*par des caraĉteres effen-*
*tiels des procédures des*
*Tribunaux.*

*Les Juges font les In-*
*terpretes de la Loi :*

*Leur devoir & leur*
*gloire eft de fe renfermer*
*fcrupuleufement dans le*
*cercle qu'elle leur trace ,*
*de fe refufer non-feule-*
*ment aux erreurs quel-*
quefois trompeufes du
*fentiment, mais à l'évi-*
dence même de leurs
connoiffances perfon-
nelles, *de ne connoître que* la Loi , *de n'envifager*
*qu'elle , & de prendre fon texte pour unique fonde-*
*ment de leurs oracles.*

**REPONSE.**

jugemens des Avocats
*qui n'en different* que par
la maturité de l'examen
cependant ni exa-
font pas fujets à la ré-

C'eft le parallèle fui-
vant qui eft fur-tout cu-
rieux.

Et ce qui eft le plus
formellement interdit
aux Juges, c'eft d'*inter-*
*préter* la Loi ;

Ils ne doivent donc
pas l'*interpréter* : au refte , c'eft de cet affujet-
tiffement que naît leur
pouvoir ; leurs décifions
emportent-elles des ef-
fets civils , parce qu'ils
font cenfés agir d'après
la Loi.

## CONSULTATION.

*LES CENSEURS DES MŒURS ont leur code écrit dans leur cœur, & dans celui de tous les hommes vertueux.*

que, de leur aveu, la cenſure eſt incompatible avec la *Monarchie.* Ce ne ſont pas non plus des *Juges*, puiſqu'il y a une *différence eſſentielle* entre eux & les Tribunaux. Que ſont-ils donc? On va le voir.

*Ils remontent,* EN SILENCE aux *ſources* DES BRUITS PUBLICS,

vulgairement des *eſpions?* miniſtere pour des *Cenſeurs!*

*Qui ſe forment quelquefois des cris de l'envie & de l'impoſture, mais qui ſouvent auſſi nous font entendre la voix de la vérité, qui s'ouvre un paſſage malgré les efforts qu'on a faits pour l'étouffer.*

*Ils ne ſont point aſtreints à des formalités. De quelque côté que vienne la lumiere, ils*

## REPONSE.

On pourroit demander aux Auteurs de cette Conſultation, ce qu'ils entendent par *Cenſeurs des mœurs;* ce ne ſont pas des *Magiſtrats,* puiſque, de leur aveu, la cenſure eſt incompatible avec la *Monarchie.*

Mais des gens qui *remontent EN SILENCE* aux ſources des *BRUITS,* ſont ce qu'on appelle Voilà un étrange miniſtere pour des *Cenſeurs!*

Il ſuffit que ces bruits puiſſent être quelquefois cauſés par les *cris de l'envie & de l'impoſture* pour que d'honnêtes gens les dédaignent toujours : & qu'ils ne puiſſent jamais devenir le fondement d'une condamnation.

Le voilà donc avoué, connu, authentiquement conſtaté le grand principe des *Conſultans*

## CONSULTATION

*ne balancent point à prononcer, dès qu'elle se présente à leurs yeux, & leur* conviction intérieure *suffit pour autoriser leur sévérité.*

*Les Juges ne punissent que les crimes ; l'opprobre & l'infamie sont le partage de ceux que leurs jugemens ont flétris.*

*Les Censeurs punissent les bassesses du cœur, les défauts de délicatesse, qui peuvent conduire au crime.*

## REPONSE.

de Paris. Ils ne sont point astreints à *des formalités ;* de quelque côté que vienne la lumiere, elle suffit pour justifier à leurs yeux une proscription effective & irréparable ? Quoi ! des Juges, des Magistrats, représentans du Prince, armés de l'autorité publique ; sont obligés, quand il s'agit de prononcer sur le sort d'un homme, de se refuser *non-seulement aux erreurs quelquefois trompeuses du sentiment, mais à l'évidence même de leurs connoissances personnelles !* & les prétendus *Censeurs,* sans mission, sans caractere, guidés par leur seul caprice, arrêteront irrévocablement la perte d'un Citoyen, sur ce *seul sentiment,* sur ces lueurs trompeuses, sur ces connoissances personnelles, recueillies en silence, sur leur *conviction intérieure, &c.* On frémit d'horreur !

Quelles étranges distinctions ! quelles effrayantes subtilités ! Le crime d'une part est-il autre chose que *la bassesse du cœur ?* De l'autre quelle immense jurisdiction s'ouvrent ici les Censeurs ! Quoi ! tous les *défauts* qui *peuvent* conduire au crime, font de leur ressort ! Ils ont droit de les punir d'après leur *conviction intérieure,* sans for-

*malités*, fur les indices *recueillis en filence !* ....
Non, la poftérité ne croira pas qu'un pareil Ecrit
ait été publié au XVIII<sup>e</sup> fiecle ; & par qui ?

CONSULTATION.

*REPONSE.*

*Et ne condamnent qu'à la privation d'un honneur.*

Voilà l'équivoque la plus effentielle, la plus coupable, & tout à la fois la plus imprudente
de toutes celles dont eft rempli cet étonnant Ecrit.
Autant les Confultans s'attachent à exagérer les
devoirs, la dignité de leur état, quand ils veulent
perfuader que leur Difcipline en eft la fauve-garde,
& qu'il faut y facrifier toutes les confidérations
poffibles ; autant ils affectent de le déprécier quand
ils infiftent fur la légéreté avec laquelle il faut leur
permettre d'en priver qui il leur plaît.

Ici ce n'eft qu'un *honneur* : mais qu'eft-ce qu'*un
honneur* à leurs yeux ? Eft-ce une de ces diftinc-
tions frivoles qui n'entraînent ni devoirs, ni obligations ? qui n'influent ni fur l'état, ni fur l'opinion qu'on peut avoir d'un citoyen ? Ce n'eft pas
fans doute ainfi qu'ils regardent leur profeffion :
mais fi c'eft une qualité réelle, à laquelle tiennent
l'état, l'exiftence de l'homme qui en jouit, ou qui
la perd, comment ofent-ils 1°. la foumettre au jugement de ces *Cenfeurs* qui, fuivant eux, ne
jugent pas, & qui cependant *puniffent* ; qui n'ont
pas d'autorité publique, & qui cependant *condamnent* ; & 2°. dire fi leftement que cette privation eft fans conféquence ? Quoi ! c'eft un état
légal, un état voifin de la Magiftrature, & fou-
vent confondu avec elle, qu'on réduit ici à n'être
qu'un *honneur*, dont la privation peut s'ordonner,
fans feulement qu'on y penfe ! Combien ce jeu

paroîtra cruel & indécent à quiconque voudra bien réfléchir à l'importance de la matiere qui en est l'objet, & au titre de ceux qui se le permettent.

<table>
<tr><td>

**CONSULTATION.**

*Le premier objet de l'attention des Juges, est que le glaive redoutable dont ils sont armés, ne tombe pas sur une tête innocente.*

</td><td>

*R E P O N S E.*

Cette distinction sur-tout est importante & singuliere.

</td></tr>
</table>

<table>
<tr><td>

Le Premier objet *des Censeurs est que la gloire des Compagnies qui remplissent un ministere honorable, soit sans tâche, & que la liste des Membres qui le composent,* ne présente aux yeux des Citoyens que des hommes irréprochables.

</td><td>

Ainsi, suivant les principes des Consultans, si l'on toléroit des *Censeurs* dans une Monarchie, leur premier objet seroit *la gloire de leur Compagnie :* les égards dûs à l'innocence, ne seroient que le *second*, & peut-être le *troisieme :* car *l'intérêt du Corps*

</td></tr>
</table>

étant le premier, celui des *Censeurs* en particulier pourroit bien avoir encore la préférence : quelle sublime, quelle humaine, quelle respectable législation !

Quant à la derniere partie de cet alinéa, je me bornerai à une courte réflexion. Les Avocats prétendent être *Censeurs des mœurs :* ils offrent une liste au Public. Il s'ensuivroit donc que leur liste ou *Tableau* ne présente au Public que *des hommes irréprochables !*

## CONSULTATION.

*Ces fonctions étant marquées à des caractères différens, il est facile de voir que la discipline des sociétés particulieres, qui exercent sur leurs membres le jugement des mœurs, ne peut pas être sujette à la révision des Tribunaux.*

## REPONSE.

Sans doute, dans ce qui ne produit pas des *effets civils*. Mais si malgré la différence des caracteres, on prétend y attacher des effets pareils; si des *Censeurs* qui ne doivent ni *juger*, ni *condamner*, ni *punir*, jugent, condamnent, & punissent; si des opinions qui ne doivent *différer* des propos publics que par la retenue avec laquelle on les hasarde, deviennent des Sentences qui produisent l'ignominie, la ruine d'un Citoyen, il est facile de voir que cette discipline abusive non - seulement peut, mais doit essentiellement être sujette à la révision des Tribunaux.

*La censure présente un joug très - redoutable à ceux qui s'y font soumis. L'égalité fraternelle adoucissant sa rigueur, peut seule la rendre tolérable. Elle donne de l'onction au zèle; elle ôte aux reproches leur amertume.*

Comment ôteroit-elle aux reproches leur amertume, si son objet essentiel est d'assurer l'impunité à l'injustice des condamnations ? Mais d'ailleurs ôte-t-elle aux cabales leur force ; à la jalousie son inquiétude ; à la haine sa fureur, au préjugé son aveuglement ? Hélas non : tout ce qu'elle ôte, tout ce qu'elle peut ôter, c'est à l'innocence le pouvoir de se défendre.

Je vais le démontrer par un fait qui ne sera pas

fuſpeĉt. Les Conſultans, comme on le voit, inſiſ-
tent vivement ſur le privilége qu'ils ont de *recueil-*
*lir* en ſilence les *bruits publics*; c'eſt-à dire, ces
propos répandus avec art, ces diffamations ſour-
des, qui prennent de la conſiſtance, en raiſon
du ſoin qu'on a d'en cacher la ſource; auxquelles
chaque interprete qui les tranſmet ajoute quelque
choſe de nouveau; qui ſemblent bientot être une
vérité, parce qu'on les retrouve par-tout, & une
vérité démontrée, parce qu'elles ſemblent n'avoir
point de contradiĉteurs; exhalaiſons empoiſonnées,
qui n'épargnent que les bouches dont elles s'é-
chappent, & noirciſſent l'innocence, ſouvent en
raiſon de ſes efforts pour s'en garantir : ils ont uſé à
mon égard de ce privilége dans toute ſon étendue.

De tous les faits articulés *clandeſtinement* contre
moi, le plus frappant, celui qui a paru le plus
convaincant, c'eſt une anecdote, dit - on, qui
concerne un Ecrivain diſtingué par des talens ac-
cueillis du Public. La célébrité du nom eſt peut-
être ce qui en a donné à l'accuſation; il y a mille
gens qui ont trouvé l'hiſtoire inconteſtable, parce
qu'elle ſembloit porter ſur un perſonnage connu :
car voilà comme on juge dans le monde.

Dès 1770, lors de mon admiſſion au *Tableau*,
ce grief fut allégué : mais alors je ne fixois pas
les regards, j'excitois moins la haine; alors l'Ordre des Avocats exiſtoit dans ſa pureté : il n'a-
voit pas ſubi les deux révolutions qui en ont alté-
ré les principes. Le fait fut cité hautement, diſ-
cuté hautement, détruit hautement. Il ne fut queſtion de rien recueillir *en ſilence* : l'accuſation &
la réfutation furent auſſi ſolemnelles l'une que
l'autre. Je fus mis ſur le *Tableau*.

Depuis on a fait revivre ce même grief ſi authentiquement anéanti : mais c'eſt la méthode *ſi-*

*tentieuse* que l'on a adoptée ; c'est dans les cercles, dans les assemblées particulieres, loin de moi, qu'on a affecté de paroître y croire.

Et comme il étoit détruit sans retour par l'examen de 1770, & l'admiffion au *Tableau*, on a dit qu'il ne falloit pas s'arrêter à la déclaration formelle de l'homme celébre que l'on citoit, & qui avoit, dans le temps, reconnu la fauffeté de la calomnie : on a foutenu que la générofité l'avoit feule engagé à diffimuler la vérité, & qu'il avoit mieux aimé commettre un menfonge obligeant, que de fe piquer d'une fincérité meurtriere. ( 1 ) Voilà les priviléges des Cenfeurs, & ce qu'ils gagnent à opérer *en filence*.

## CONSULTATION.

*Si l'on vouloit enchaîner reſſerrer, dans de honteuſes entraves un miniſtere où les opprimés doivent trouver un aſyle, les Citoyens de tous les ordres des lumieres & des fecours dans leurs affaires les plus épineuſes, on verroit bientôt diſparoître du milieu de ceux qui l'exercent, le fentiment de reſpect pour foi-même, pour un état qu'on deſire de voir honorer, qui les foutient*

## REPONSE.

Si en difcutant cet étrange écrit, je n'avois pris la ferme réfolution de réprimer les mouvemens d'impatience que l'excès de l'injuftice & l'abus de raifonnement excitent dans un cœur droit, & un efprit jufte, il feroit difficile de ne pas éclater à ce paffage. Quoi ! parce que le miniftere des Avocats doit être l'afyle des *opprimés*, il leur fera permis d'être *oppreffeurs* ! Ils

( 1 ) Voyez à ce fujet la Lettre de M. Dorat, du premier Juillet 1775, inférée au Journal de Politique & de Littérature, N°. 8 de 1776.

**CONSULTATION.**

*contre les tentations de la cupidité.*

*En vain prétendroit-on suppléer, par une surveillance sévere, au défaut de ce sentiment qu'on auroit imprudemment étouffé, & qu'on devoit plutôt exciter par de nouveaux encourage-mens. L'avidité seroit toujours plus féconde en ressources, pour se dérober au châtiment, que la vigilance du Magistrat ne trouveroit de moyens pour le réprimer ; & il suffiroit aux coupables de multiplier les fautes, pour produire la lassitu-de, & bientôt l'impossi-bilité de la punir.*

des pieces qu'on reçoit ! *Usquequò abutere patien-tiâ nostrâ ?*

*Il y a cependant des abus, dit-on, dans cette discipline. Nous ne pré-tendons pas qu'elle soit exempte de ces caracteres d'imperfection qui sont nécessairement attachés à*

**REPONSE.**

n'auront plus ni *lumieres* ni *vertus*, s'ils ne sont pas autorisés à être in-justes impunément !

Qu'est-ce à dire ! La profession d'*Avocats au Parlement de Paris* don-ne donc un bien étrange penchant au crime, puis-que si on levoit une fois la mince barriere qu'y oppose la *radiation*, les coupables s'y trouve-roient en si grand nom-bre, qu'on n'auroit bien-tôt plus ni la force ni le pouvoir de les punir ? Qu'on se souvienne de ce qui a été dit plus haut par les Consultans, que la *seule barriere contre l'iniquité dans cet état,* est le droit de ne donner ni quittance de l'argent qu'on exige, ni récépissé

Impossible ! La possi-bilité est déja bien prou-vée par le fait. Voyons comment on va prou-ver l'impossibilité par le droit.

*toutes les inſtitutions humaines. Mais pluſieurs per-*
*ſonnes paroiſſent frappées d'un abus* qui en effet
n'exiſte pas. *Elles croient que dans une ſociété*
*d'hommes , qu'un même miniſtere rend rivaux , il*
*eſt à craindre que ceux qui effaceront les autres par*
*l'éclat de leurs talens , ne ſoient ſacrifiés à la ja-*
*louſie. Ce vil ſentiment , qui a ſouvent flétri les lau-*
*riers des plus grands Hommes ,* pourroit *, ſans dou-*
*te ,* trouver accès dans le cœur de quelques-uns
*d'entre nous. Mais* il eſt impoſſible *qu'il dicte ja-*
*mais les décrets de nos aſſemblées , ou qu'il y ait*
*même aucune influence.*

## CONSULTATION.

*Nous ne ſommes pas*
*tous au même terme de*
*la carriere que nous par-*
*courons. Les ſuccès de*
*l'Orateur ne peuvent*
*point inſpirer d'envie au*
Juriſconſulte *qui ſe bor-*
*ne à être dans la tran-*
*quillité de ſon cabinet , le*
*conſeil des citoyens & l'ar-*
*bitre de leurs différens. Il*
*y a dans le Barreau diffé-*
*rentes ſpheres de travaux*
*dans leſquelles chacun*
*de nous ſe renferme , &*
*dont il ſort rarement. A*
*peine l'Avocat le plus*
*célebre pourroit-il comp-*
*ter* dix *ou* douze con-
currens, *qui ſe trouvent*
*obſcurcis par ſa gloire ,*

## R E P O N S E.

Il y a bien de l'im-
prudence à s'être per-
mis de toucher cette
queſtion délicate, & à
en avoit par conséquent
néceſſité la diſcuſſion.
D'abord vous venez d'a-
vouer que vous *pouvez*
être *jaloux.* Du dépit
d'être obſcurci par un
rival à l'eſpérance con-
ſolante d'hériter de ſa
dépouille ; de la jalouſie
qui fait deſirer de voir
bientôt ſa gloire éclip-
ſée , à l'envie de faire
vaquer l'héritage, il n'y
a qu'un pas ; & vous
avouerez qu'il n'eſt *pas*
*impoſſible* que vous cé-
diez à cette terrible ten-

CONSULTATION.  *REPONSE.*

<table>
<tr><td>

*qui profiteroient de fa retraite.*

</td><td>

tation, fur-tout quand le fort de ce rival de renommée & de fortune

</td></tr>
</table>

fera dans vos mains, que pour l'exclure il ne faudra qu'un mot, & que les concurrens armés contre lui par l'efpoir de s'en approprier la fucceffion, pourront fe cacher dans la foule, même en lui portant les coups les plus meurtriers.

Enfuite vous dites que cette carriere lucrative fe fubdivife en *différentes fpheres*, dans chacune defquelles le plus heureux triomphateur trouveroit à peine *dix ou douze concurrens* qui feroient bleffés de fon éclat, & gagneroient à fa perte. Eh bien ! n'eft-ce pas affez, avec les commodités que vous donne votre refpectable *cenfure*, pour perdre un innocent ? Que chacun de ces rivaux difpofe de *cinq voix*, en voilà *foixante* tout d'un coup réunies contre l'homme vertueux qui fera fimple en raifon de fon mérite, & ifolé à proportion de fa fupériorité. Et trouvez-moi une Compagnie libre où il foit poffible à un Membre honnête, c'eft-à-dire, fans intrigue, de fe foutenir contre *foixante voix* acharnées.

Et s'il a le malheur de réunir les trois efpeces de talens, entre lefquelles fe répartiffent aujourd'hui les fonctions du *Barreau*, comme celles de la *Médecine* ; s'il *confulte*, s'il *écrit*, s'il *plaide* tout à la fois, qu'oppofera-t-il au triple choc de ces puiffances combinées, aux efforts de ce nouveau Cerbere, dont chaque tête lancera contre lui tout à la fois foixante aboiemens furieux ?

Les *Anciens* qui n'ont d'autres reffources que l'oifiveté des *Confultations*, le détefteront, parce qu'il apprendra à fe paffer d'eux : les faifeurs de

*Rôles & de Mémoires* l'auront en horreur, parce que le public croira voir dans ses écrits plus de méthode, & sur-tout plus de briéveté. Les Athletes babillards qui peuplent les *Audiences*, s'indigneront de le retrouver encore dans cette lice, & d'avoir à lutter avec la langue contre le même homme que ce surcroît de fatigue n'empêchera pas de multiplier des écrits inquiétans pour eux.

Que les circonstances deviennent fâcheuses alors: qu'un esprit de faction universel divise le Royaume ; que la Compagnie des Avocats sur-tout soit déchirée par un schisme, ou ceux qui ont été les plus lâches pendant le danger, croient se justifier en montrant plus d'acharnement quand il est passé, doutez-vous que les trois cabales réunies ne forment bientôt cent cinquante, deux cens voix, & qu'on ne puisse usurper, pour consommer l'attentat, le nom de la Compagnie, qui rougiroit, qui frémiroit dans un temps plus calme, des fureurs qu'on lui prête dans ces momens d'orage.

Cessez, cessez donc de parler de l'*impossibilité*, que les passions subjuguent vos assemblées. Sans doute elle contiennent toujours des gens honnêtes & vertueux : mais à des époques comme celle contre laquelle je réclamerai jusqu'à mon dernier soupir, ils se taisent, ou ils s'écartent en gémissant. C'est ce qui est arrivé au Palais, le 3 Février, le 9 & le 16 Mars 1775, & ce qui arrivera toujours dans de pareilles circonstances.

Et observez encore que votre prétendue *censure* est le moyen le plus assûré de rassembler contre quiconque on voudra perdre, la pluralité des voix sans peine. Votre Compagnie est composée de deux especes d'hommes ; de gens de mérite employés, qui s'embarrassent fort peu de vos discussions, & dédaignent avec raison vos assemblées ;

& de gens fans mérite, fans emploi, ennemis nés
de quiconque fe diftingue par l'un ou par l'autre.
Pour eux ces fortes de difcordes civiles font un
triomphe : c'eft là feulement qu'ils font quelque
chofe. Un fois ameutés, réunis par un intérêt commun, peuvent-ils trouver le moindre obftacle à
leurs fureurs ?

Les honnêtes gens, qu'ils ne penfent pas inti-
mider, ils les fubjuguent *par le nombre* ; les jeunes
gens chez qui la vertu n'eft pas encore accompa-
gnée des fignes de la maturité, ils leur impofent
filence par *la crainte.* Conftitués par leur prétendue *cenfure*, Arbitres defpotiques du fort de quiconque leur déplaît, ils en feroient bientôt fentir
l'influence à ceux qui en oferoient combattre l'a-
bus : elle devient dans leurs mains, l'arme la plus
terrible peut-être, qui ait jamais exifté, fur-tout
parce que les coups en font portés au nom d'un
*Corps.*

Cette Cenfure de *Rome*, dont vous parlez tant,
étoit mille fois moins redoutable & moins fu-
nefte : elle étoit exercée par deux hommes feuls,
qui n'éprouvoient que la quantité de paffions dont
ce nombre eft fufceptible. Ils n'étoient en charge
que deux ans & demi ; les confidérations, la
crainte de l'examen quand ils feroient redevenus
particuliers ; la néceffité d'être foumis à leur tour
à d'autres Cenfeurs non moins févères & non
moins puiffans ; mille motifs de toute efpece de-
voient enchaîner leur rigueur, & les ramener à
la juftice, même à la tolérance, quand ils étoient
près de céder à la tentation de s'en écarter.

Mais la *Cenfure* exercée par un Corps, encore
une fois, feroit le plus affreux defpotifme qui
ait jamais exifté. Dégagée de toute *efpece de formalités*, comme les Confultans ont foin de le
déclarer

déclarer ; dispensée comme ils le veulent , de rendre *aucune espece de compte* ; indépendante comme ils l'exigent de *l'inspection de tous les Tribunaux* ; mais subordonnée , comme le fait le prouve , aux passions inséparables d'une foule tumultueuse ; affranchie comme on l'a vu , de toute espece de représailles, ses vengeances seroient terribles , & ses injustices éternelles ; il n'y auroit pas plus de moyens de se garantir des unes , que d'obtenir la réparation des autres. Je demande à ceux d'entre les Avocats qui ont de l'honneur, de l'ame, de la délicatesse , s'ils doivent être bien jaloux d'une semblable prérogative ?

## CONSULTATION.

*Si du raisonnement nous passons aux exemples , le Barreau nous offrira la liste de ses grands Hommes. En verra-t-on un seul qui ait été persécuté par ses Confreres ? Le Public se rappelle le nom d'un Cochin , cet homme immortel , des le Normand , des Aubry , & de plusieurs autres Hommes illustres. Ne sont-ils pas tous morts en paix , sur les trophées de leur éloquence ? N'ont-ils pas joui pendant leur vie de la considération la plus flateuse dans leur Ordre !*

## REPONSE.

Ceci est une grande imprudence encore : mais puisqu'on m'en donne l'occasion , je rappellerai la tradition constante au Palais , que *Cochin* ayant acheté le premier une Charge de *Secrétaire du Roi* , on parla de le rayer ; *Le Normand* , proposé pour *l'Académie Françoise* , fut menacé de la *radiation* , s'il acceptoit. Un célebre Avocat de nos jours , pour s'être décoré *d'un grand Cordon* , a essuyé des tracasseries. On citeroit encore des exemples plus modernes des effets de la baffe jaloufie , qui abufoit de la *Cenfure* , contre les talens ; & fi les circonftances avoient alors été les mêmes qu'aujourd'hui , elles auroient produit les mêmes atrocités.

## CONSULTATION.

*Parmi les Orateurs qui fe diftinguent aujourd'hui au Barreau , parmi les jeunes gens qui n'attendent que le moment de paroître à leur tour fur ce théâtre d'honneur , & qui s'y promettent les fuccès les plus brillans , en eft-il un feul qui craigne que l'envie fe ferve un jour de la difcipline de l'Ordre , pour flétrir fes talens , & pour le punir de fes fuccès.*

## REPONSE.

Les Confultans ofent-ils invoquer le témoignage des jeunes gens ? Ce témoignage , fi ceux-ci avoient le courage de le publier , le laifferoit-on impuni ? La *Cenfure* , n'eft-elle pas l'épouvantail dont on abufe pour leur lier la langue ?

D'ailleurs eft-ce dans la ferveur du noviciat qu'on apperçoit les épines dont eft hériffée la fin d'une carriere où l'on s'engage ? Il n'y a que l'expérience , la trif-

te expérience qui puiffe convaincre de leur exif-tence : on ne les voit que quand on eft piqué. Quel eft le jeune homme qui ne fe flatte pas de s'en fauver , par fa conduite s'il eft modefte , & par fes talens s'il a la confiance , l'amour propre , l'indifcrétion de fon âge ? (1)

*Ceux qui en ont éprouvé la févérité , tenoient*  Jamais on n'a plus indignement abufé des

---

(1) On peut au furplus confulter à ce fujet les *Réflexions pour Me Linguet , Avocat de la Comteffe de Béthune* , page 10 & 11 de l'*in* 4º.

CONSULTATION.     *REPONSE.*

*le même langage lorsque l'intérêt ne leur fascinoit pas les yeux, & ils lui rendent encore, en le calomniant, un témoignage bien honorable, lorsqu'ils prétendent avoir été les premieres victimes de l'injustice.*

mots. C'est à moi que ceci s'adresse. On m'avoit rayé pour avoir *outragé l'Ordre,* disoit-on. Je me suis défendu en citant les éloges dont je l'avois comblé : & ici l'on retorque contre moi ces éloges : mais qu'ai-je dit ? « Qu'une expérien-» ce cent fois réïtérée a démontré une vérité » honorable à l'Ordre des Avocats ; c'est que si » la jaloufie, l'intérêt, toutes les paffions hon-» teufes agitent quelquefois un certain nombre de » fes Membres, le Corps s'en est toujours mon-» tré exempt ; c'est qu'il n'a jamais manqué de » s'y trouver des hommes honnêtes, qui voient » la vérité, qui la goûtent, & qui la font goû-» ter aux autres. Pareil aux tourbillons de *Def-» cartes,* où le repos général naît du mouvement » des parties, où chaque chofe reste en fa place, » parce que tout tend fans ceffe à s'en écarter, » ce Corps fingulier, dès qu'il est raffemblé, re-» vient infenfiblement à l'honneur, à la Juftice, » dont fes agitations inteftines fembloient devoir » l'éloigner. (2)

Je ne me retracte pas, je dis encore, je dirai toujours, donnez-moi une affemblée honnête, vraiment générale, libre, dont le Préfident ne foit pas forcé de fe récufer lui-même, en s'opiniâtrant à préfider toujours ; dont les Calom-

______

(2) *Ibid.* pag. 13.

niateurs foient exclus ; dont les hommes vertueux
ne foient pas obligés de s'exiler , & elle juſtifiera
mes éloges par une décifion toute contraire à celles
du 22 Décembre, du 26 Janvier, du 3 Février
& du 16 Mars.

<table>
<tr><td>CONSULTATION.</td><td>REPONSE.</td></tr>
</table>

*Après avoir établi les fondemens de l'Ordre des Avocats , il faut en confidérer l'effet fur ceux de fes membres que fa difcipline a frappés.*

*Ce zele qui nous anime pour la maintenir, & qui nous oblige à facrifier quelquefois nos confreres à la févérité de nos régles , ne* les pourfuit point *après l'acte rigoureux qui nous en a féparés.*

Ne le *pourſuit point !* Quelle indulgence ! je vous dois fans doute favoir beaucoup de gré de ce que vous ne m'avez fait , ni *décapiter* , ni *rouer* , ni *brûler vif !* je fens tout le prix de vos bontés : mais il eſt bien faux que dans le reſte vous ne *pourſuiviez* pas.

Vous me pourſuivez par des libelles , tels que cette *Confultation* , tels que la *Cenfure* , autre production de la même force. Vous me pourſuivez par les plus odieufes manœuvres , dont voici un exemple entre mille. Dans le *Répertoire* , Ouvrage de Jurifprudence nouveau, au mot Avocat, on citoit l'Arrêt du 29 Mars , mais d'une maniere honnête , & confolante pour moi. Le Cenfeur , *Avocat* , a forcé l'Auteur à retrancher les modifications , parce que , a-t-il dit , *on le RAIEROIT lui-même s'il paſſoit le moindre éloge en ma faveur.* Et vous ne pourſuivez pas !

Une Femme d'un grand nom , & d'un courage héroïque , ofe s'élever contre vos caprices : elle

[53]

brave vos fureurs, pour tenir à un choix que
l'honneur & la délicateffe lui rendent précieux :
vous devenez fes adverfaires perfonnels : le Barreau entier qu'elle honore d'un fpectacle nouveau,
s'arme contr'elle. Ce n'eft plus la juftice de fes
raifons qu'on examine, c'eft la néceffité de fa perte. Le Tableau des Avocats n'eft plus que la lifte
des ennemis mortels qui ont juré fa ruine : vous
affiégez le Parquet, les Tribunaux ; vous arrachez
contr'elle des Jugemens auxquels on joint toutes
les mortifications & la dureté que la petiteffe de la
haine peut imaginer.

Depuis, craignant de voir l'héritage entier de
fes enfans fe fondre fous les coups que vous diri-
gez, elle confent enfin à fe foumettre, à vous
prendre pour fes agens : elle veut bien que des
Avocats la fervent : indifférente fur le choix, elle
le laiffe tomber fur les mains qui fe font diftinguées
contre moi. Ce facrifice ne les appaife pas : dans
l'opinion qu'en fecret, c'eft encore moi qui la di-
rige, & que fa confiance n'a pas cédé à votre defpotifme, on...... Je veux bien me taire fur ces
odieux détails ; ce que je puis dire, c'eft qu'on
n'oublie rien pour lui faire expier par un long
fupplice le crime d'avoir été auffi courageufe
que vous étiez furieux ; & par le renverfement de
fa fortune, l'audace d'avoir douté de vos priviléges. Et vous ne pourfuivez pas !

| CONSULTATION. | *REPONSE.* |
|---|---|
| *Nous defirons qu'ils continuent d'être honorés dans le monde.* | Quelle ironie ! ou quelle audace ! quoi ! l'homme que les Avo-cats ont chaffé, les Con- |

fultans le préfentent aux autres hommes, pour être

l'objet de leurs hommages ! Mais de deux choses l'une : ou ils font donc bien certains de l'injuſtice de leurs proſcriptions , puiſque de leur aveu l'honneur du proſcrit peut y ſurvivre ; ou ils ont un bien étrange mépris pour le reſte de la ſociété , puiſque ce ſujet indigne d'être conſervé parmi eux , leur paroît encore bon pour figurer avec honneur dans les autres emplois civils.

| CONSULTATION. | REPONSE. |
|---|---|

*La privation d'un état honorable n'imprime aucune flétriſſure, lorſqu'elle n'eſt pas l'effet d'une condamnation judiciaire.*

Quels ſophiſmes ! quel cruel abus des mots ! Sans doute elle n'eſt pas ignominieuſe quand elle eſt l'effet de la violence , quand elle ne ſuppoſe que l'abus de l'autorité , quand elle n'eſt cenſée précédée d'aucun examen , d'aucun grief , quand elle a frappé ſans préliminaire l'infortuné dont elle opere la ruine : la foudre tue & ne deshonore pas.

Mais quand elle eſt la ſuite d'une délibération connue ; quand elle eſt conſacrée par l'acceſſion des Tribunaux ; quand un homme déſigné d'abord au Public comme étant digne de ſa confiance lui eſt dénoncé enſuite comme ayant perdu le droit d'y prétendre, il n'eſſuie aucune flétriſſure ? Il peut ſe garantir de l'opprobre ? Et ce ſont, encore une fois, des *Avocats*, des *Juriſconſultes* qui raiſonnent ainſi, pour ſe maintenir dans la poſſeſſion chimérique du plus abſurde, du plus cruel, du plus abuſif de tous les priviléges !

En deux mots , ſi la radiation n'eſt pas deshonorante pour celui qui la ſubit, il faut qu'elle le ſoit pour ceux qui la prononcent : il n'y a pas de milieu.

**CONSULTATION.**     *REPONSE.*

*Chaque État a ses Loix particulieres, qu'on peut n'avoir pas obser- vées fidellement, sans être un homme* indigne d'estime.

Toute regle dont l'infraction ne rend pas indigne d'estime, n'est pas une regle essentielle : le particulier qui la viole peut être responsable envers le corps, & puni par des réprimandes, par des mortifications se- cretes ; mais n'ayant pas failli envers la société, il ne peut pas être privé de ses fonctions publi- ques. Voilà le grand principe, l'axiôme irréfra- gable, qui répond à toutes les déclamations des *Consultans.* Les regles *particulieres* ne peuvent entraîner, pour celui qui les enfreint, que des punitions *particulieres.* Reste donc à sçavoir si la *radiation* du Tableau est, ou n'est pas, une pu- nition *publique.*

*C'est ainsi qu'un Mi- litaire, peu considéré dans les camps, peut être un excellent citoyen, & servir utilement sa pa- trie dans une carriere plus tranquille.*

Quelle absurde, quelle odieuse compa- raison ! 1 . Est-ce à des *hommes de loi* à récla- mer, pour autoriser la violence de leurs pro- cédés, *les usages des camps ?* 2°. Si l'homme décrié sous la tente l'a été pour avoir manqué *aux Loix de son état,* c'est-à-dire, pour une lâcheté, n'est-il pas *deshonoré ?* Mais alors aussi, ne lui laisse-t-on pas la carriere ouverte pour s'absoudre ? Son crime n'est-il pas connu ? Ses Délateurs ne sont-ils pas les premiers à l'inviter à se justifier, & sa condamnation même n'est-elle pas un défi ? Il porte à son côté une puissance à laquelle il peut

foumettre fes accufateurs, & fes Juges mêmes.
S'il fe tait, s'il recule, c'eft fa foibleffe alors qui le
perd. En eft-il de même ici ? Eft-ce moi qui ai re-
culé ? Eft-ce moi qui ai craint le choc, la vérifica-
tion ? N'eft-ce pas-là ce que je demande en vain
depuis trois ans ? Ah ! que mes *Cenfeurs* defcen-
dent, s'ils l'ofent, fur ce *Pré* où je les appelle ;
qu'ils viennent partager le péril des accufations
qu'ils intentent ; que, ceffant de fe cacher dans la
foule, & fe mefurant avec moi, feul à feul, ils
viennent, comme je le fais depuis tant d'années,
préfenter leur cœur nud au fer tranchant de la
vérité, & qu'on compte alors les bleffures.

Mais non, tout leur foin eft d'éviter ce combat :
ils multiplient les efforts & les écrits, pour perfuader aux Tribunaux, au Gouvernement qu'on ne
doit pas me l'accorder, & ils ofent invoquer la
*difcipline militaire !*

## CONSULTATION.

*Les Avocats n'ont ja-
mais perdu le fouvenir de
l'ancienne illuftration de
leur Etat, & ce fouve-
nir leur a infpiré une
forte de fierté qui ne peut
retourner qu'au profit de
la vertu. Ils ont voulu
que leurs honoraires por-
taffent toujours le caractere d'un tribut volontai-
re, & ils fe font interdit
non-feulement toute ac-
tion en Juftice ; mais encore toute autre démar-*

## REPONSE.

Voilà donc une des
*premieres loix particulie-
res* des Avocats, une
de celles qui entraînent
la même peine que l'in-
fraction des *loix de l'honneur*, c'eft de s'interdire
toute *démarche tendante
à exiger le prix de leurs
travaux.* Dans le droit
& dans le fait, rien n'eft
plus faux.

Dans le fait, perfon-
ne n'ignore qu'un Avo-
cat, à qui des pieces

**CONSULTATION.**  *REPONSE.*

*che tendante à exiger le prix de* leurs travaux.

font confiées, & qui ne s'eſt pas fait payer d'avance, ne rend *le ſac* que quand l'honoraire lui a été remis. On n'exigera pas, ſans doute, à cet égard, des preuves de moi : elles ſeroient trop nombreuſes.

Dans le droit, M^es *Raymond* & *Buynand*,

Qui depuis..... mais alors ils étoient Avocats.

ont formé une action *pour le prix de leurs travaux.* Par Arrêt du 15 Mars 1766 ; & ce qu'il y a de ſingulier, ſur les concluſions de M. *de Barentin*, il leur a été adjugé 75,000 liv. pour travaux de leur profeſſion : ils n'en ſont pas moins reſtés ſur le *Tableau*. Ce que l'on dit ici de cette prétendue regle eſt donc une fauſſeté inſigne.

Il eſt vrai que les Avocats de Paris en y dérogeant toujours, ont toujours eu ſoin de la revendiquer : ils ont même pouſſé le rigoriſme bien plus loin : non-ſeulement ils ont dit que la délicateſſe ne leur permettoit pas de *demander des honoraires* ; mais ils ont aſſuré qu'elle leur défendoit auſſi, quand ils en reçoivent, de *donner des quittances.* Il y a cependant des Loix formelles qui les aſtreignent à cette formalité, une des plus indiſpenſables dans l'ordre ſocial. Dans preſque tous les Parlemens de France, ils s'y ſont ſoumis : il n'y a qu'à Paris où ils ne l'ont pas adoptée.

On peut voir dans les Mémoires de *Sully*, la ſcène bizarre, par laquelle ils troublerent à cette occaſion une des dernieres années du regne du grand *Henri IV.* On peut lire dans *Loiſel* les raiſonnements futiles dont ils ſe ſervirent pour colorer aux yeux des gens du monde cette rebellion tout à la fois aussi ridicule que criminelle.

Au fond elle n'étoit fondée sur aucune des raisons que *Loisel* étale avec emphase. Veut-on la sçavoir, la vraie raison qui a fait regarder cette indépendance aux Avocats de Paris, comme le Palladium de leur *Ordre ;* il est bien aisé de l'appercevoir. En signant des reçus des honoraires, c'étoit s'exposer à la surveillance des Loix ; en consentant à avoir le droit de les exiger, c'étoit s'exposer à les voir restreindre. Ils ont mieux aimé perdre en apparence le droit de rien demander, pourvu qu'il n'existât pas de traces de ce qu'ils auroient reçu. Ce sujet a été traité dans un écrit remis sous les yeux du Roi & du Conseil, dont voici un morceau.

» Dans le fond, seroit-il si difficile de prouver
» que cette délicatesse, dont les seuls Avocats du
» Parlement de Paris se targuent si fort, est une
» chimere, & peut-être même une charlatanerie
» tyrannique, dont le bien commun de la Société
» exigeroit la suppression ? Il en est de cet usage
» au moins comme de tous les devoirs trop auste-
» res, dont la rigueur apparente ne se soutient
» que par des infractions secretes. S'il étoit scru-
» puleusement observé, c'est sur-tout à l'honnê-
» teté qu'il deviendroit nuisible, parce qu'elle ne
» sçauroit pas l'éluder. C'est la même chose que
» le célibat pour le sexe ; ce sont précisément les
» filles les plus vertueuses qui en sont le plus im-
» portunées. »

» En général les Avocats ne sont pas plus dupes
» que les autres hommes : par état même ils doivent
» l'être moins. Aussi j'en atteste le grand nombre
» des Plaideurs qui ont eu besoin de leur secours ; je
» les interpelle de rendre compte des précautions

» que de très-honnêtes Jurifconfultes fe font per-
» mis de prendre pour fe difpenfer du befoin de
» recourir à une répétition juridique du prix de
» leurs travaux. Ils rougiroient de demander leur
» falaire après des fervices rendus ; mais ils fe
» font payer d'avance : il n'eft permis de les
» aborder que l'argent à la main. Il n'eft pas
» étonnant que des gens fi précautionnés dans les
» préliminaires, dédaignent de s'occuper des fui-
» tes. Leur nobleffe apparente pour l'avenir, n'eft
» qu'un moyen plus fûr de rançonner fur le champ.
» Elle couvre bien plus de concuffions que de
» facrifices. »

Et comme s'il falloit que dans la conduite des
Avocats de Paris, il ne manquât rien de ce qui
peut caractérifer la contradiction, l'inconféquence, ils n'ont pas même tenu à ce prétendu refus
de donner des quittances, qui fembloit avoir un
côté noble ; ils l'ont éludé par un tempérament
que la complaifante difcipline adopte. En prenant
de l'argent, ils n'en donnent pas de quittances
eux-mêmes ; mais ils la font donner par leurs *La-
quais.* C'eft un fait journalier & conftant au Palais. L'Avocat qui a commis cette fraude hon-
teufe croit avoir rempli fes obligations, & fa difcipline l'abfout, tandis qu'elle profcriroit avec ignominie l'ame ferme qui auroit rougi de prendre, pour
un acte licite, un mafque deshonorant. Voilà
pourtant à quel degré d'aviliffement l'excès d'une
prétendue délicateffe a conduit cette Compagnie
impérieufe ; voilà les auguftes priviléges qu'on ne
peut examiner fans mettre la Société entiere en
combuftion.

## CONSULTATION.

*Cependant il est juste que les Ministres de la Justice, comme ceux du Sanctuaire, vivent des rétributions attachées à leur ministere, & les Loix ne peuvent refuser une action contre ceux qui négligent de les acquitter.* —

*Des personnes éclairées nous reprochent quelquefois, comme une délicatesse bizarre, la rigueur de nos principes sur cette matiere, qui semble inviter à l'ingratitude ceux qui auroient l'ame assez basse pour n'en pas rougir. Nous ne pouvons répondre autre chose aux fortes raisons qu'elles nous alleguent, si - non que la vertu ne peut guere exister sans un peu de cet enthousiasme qui l'emporte au delà du devoir, & qu'ayant reçu ce principe de ceux qui nous ont précédés dans le Barreau, nous sommes jaloux de la transmettre à ceux qui nous suivront.*

## REPONSE.

Et vous exigez, en vertu de votre discipline, que les Loix proscrivent ceux qui répetent une chose juste, ceux qui intentent une action *qu'elles ne peuvent pas leur refuser.*

Les Consultans conviennent qu'on oppose de *fortes raisons* à leur délicatesse *bizarre*. Il n'étoit guere possible d'y répondre d'une maniere plus foible & même plus ridicule, qu'ils ne le font ici. On vient de voir des motifs bien plus déterminans, & ceux en effet qui ont déterminé la prétendue discipline de l'Ordre. Il est vrai qu'il étoit difficile de les inférer dans la Consultation.

**CONSULTATION.**     *REPONSE.*

*L'Ordre des Avocats exclut aussi du nombre de ses Membres ceux qui s'offrent sous le voile de l'amitié, à rendre des services au dessous de leur Ministere.*

Des services au dessous de leur ministere ! mais ne falloit-il pas les spécifier ? Est-ce donc dans une généralité si confuse qu'il |falloit laisser l'énonciation d'un délit capable d'entraîner la perte de quarante ans d'honneur & d'intégrité.

Il y a plus ; l'état d'Avocat lui-même est un ministere de *confiance*, par conséquent d'*amitié*. Cette noble union, cette passion des belles ames, moins emportée, mais plus désintéressée que l'amour, ne vit que de services reçus & rendus. La discrétion, le mystere, dans ce commerce, est ce qui en fait le charme, & le voile dont la vertu peut le couvrir, vous en faites indistinctement un asyle criminel ; & vous frappez tout ce qu'il recele de la foudre qui devoit être réservée pour la prévarication !

*Ceux qui se livrant à des affaires incompatibles avec leur état, S'EXPO-SENT à des contraintes par corps.*

*S'exposent* est précieux. Ce n'est pas le débiteur frauduleux, ou imprudent, poursuivi par la Justice, que les Consultans dévouent à l'excommunication : c'est celui qui a contracté de bonne foi un engagement qu'il a rempli avec exactitude: C'est l'engagement en lui-même qui est un crime à leurs yeux.

## CONSULTATION.

*Ceux qui contrevien-*
*nent à ces regles font*
*coupables envers la So-*
*ciété qui les a admis*
*dans fon fein, à condi-*
*tion qu'ils les obferve-*
*roient. Ils ne le font pas*
*envers l'humanité qu'ils*
*ont pu fervir avec* zèle
*& avec fuccès.*

*Il eft un autre devoir*
*particulier à notre pro-*
*feffion, que la raifon &*
*l'humanité nous dictent;*

*Mais dont on s'écarte*
*quelquefois par un vice*
*de tempérament, plutôt*
*que par un deffein réflé-*
*chi : c'eft la décence & la*
*modération dans nos dif-*
*cours & dans nos écrits.*

*Lorfqu'un Avocat met*
*fur fes yeux le bandeau*
*qui couvre ceux de fa*
*Partie, lorfqu'il ne fe*
*place entre le Peuple &*
*fes Juges, que pour pré-*

## RÉPONSE.

Quoi ! fervir l'huma-
nité avec *zèle* & avec
*fuccès* eft un motif d'ex-
clufion parmi les Avo-
cats de Paris ? Un cœur
compatiffant, une géné-
rofité heureufe font des
crimes aux yeux des
Cenfeurs des mœurs ?

Quoi ! vous l'écoutez
cette humanité, & vous
puniffez ceux qui la fer-
vent avec *zèle* & avec
*fuccès.*

Ce devoir fe borne-
t-il aux difcours & aux
écrits de chaque Avocat
en particulier ? Ne doit-
il pas avec plus de rai-
fon encore être refpecté
dans leurs affemblées ?
L'a-t-il été dans celle du
22 Décembre 1774, du 26 Janvier, du 3 Février, du 16 Mars 1775 ?

Tout cela ne préfente
qu'une généralité bonne
dans la fpéculation ;
mais qui ne peut fervir
de regle dans les cas
particuliers. Il faut tou-

CONSULTATION. | *REPONSE.*

*ter aux haines, aux ref-*
*fentimens de fes Cliens*
*l'énergie de l'expreffion*
*& la vivacité des images,*
*il fe rend indigne d'un*
*miniftere facré, & fes ta-*
*lens deviennent alors un*
*titre qui l'en écarte.*

jours examiner fi celui
que vous prétendez in-
culper, a fait ce que
vous dites-là; fi réelle-
ment c'eft aux *haines*,
& non pas à la vérité,
qu'il a prêté l'énergie de
l'expreffion; fi c'eft le
*reffentiment* qu'il a fervi,
& non pas la *juftice.*

*Quand on fe connoît*
*une imagination arden-*
*te, trop facile à s'enflam-*
*mer, & à éprouver des*
*paffions étrangeres, ne*
*doit-on pas s'abftenir des*
*fonctions d'un état qui*
*exige une circonfpection*
*févere, plutôt que de cou-*
*rir le rifque affreux de*
*plonger le poignard dans*
*le cœur d'un honnête*
*homme; & de lui faire*
*des bleffures qui faigne-*
*ront encore après que la*
*Juftice aura rendu l'ora-*
*cle qui le juftifie.*

C'eft encore ici la
même réponfe : ce ne
font - là que des lieux
communs; en fuppofant
tous ces principes vrais,
comme au fond ils le
font, qu'en réfulte-t-il ?
Qu'il faut examiner, fi
celui qu'on veut con-
damner à *s'abftenir*, a en
effet *plongé le poignard*
*dans le cœur de quelque*
*homme honnête.* Plus l'a-
bus feroit atroce, plus la
preuve eft néceffaire.

Ce paffage devien-
droit bien plus bizarre,
& d'une malignité bien

plus criminelle, s'il fe trouvoit que l'Avocat à
qui l'on en fait l'application, n'eût jamais montré
cette imagination *ardente* & *inflammable*, qu'en
faveur des innocens, & en *défendant*; s'il fe
trouvoit que la feule affaire où il ait parlé pour un

*accusateur* eût été suivie du triomphe le plus complet ; que dans toutes les autres il n'eût jamais montré de zèle, de passion que pour des *opprimés*, qu'il falloit arracher à des cabales acharnées & autorisées ; qu'enfin au lieu de faire des *blessures*, il ne se fût jamais occupé qu'à en fermer, & que ce fut là son véritable crime aux yeux des diffamateurs furieux qui le poursuivent.

## CONSULTATION.

*Lorsqu'après avoir épuisé toutes les ressources du zele & de l'affection fraternelle, l'Ordre désespere de corriger ceux de ses Membres qui se font remarquer par un panchement dangereux à aiguiser les traits de la Satyre, il se croit forcé de s'en séparer.*

*Cette séparation est d'autant plus doulou-reuse, qu'elle en retran-che quelquefois des talens qui lui auroient servi d'ornement, si cet odieux défaut n'en eût terni l'éclat.*

*On voit rarement échouer à cet écueil ceux qui étant entrés au Barreau dès leur premiere jeunesse, se sont pénétrés de bonne heure de ses principes, & ont commencé par nourrir leur*

## REPONSE.

Soit encore : mais qu'il prouve d'abord la réalité du penchant, & ensuite l'impossibilité de la correction.

Alidor, dit un fourbe, il est de mes amis.

Le reste de cet Ecrit n'est, comme ce passage, qu'une déclamation fausse & fastidieuse sur le danger d'admettre à l'état d'Avocat des hommes accoutumés à exercer leur esprit, & la nécessité

## CONSULTATION.

*leur esprit d'études & de réflexions solides. Le défaut dont nous parlons ici est souvent le partage de ceux qui, après avoir consacré leurs premieres années à des occupations frivoles, & aux jeux du bel-esprit, se déterminent par une vocation tardive à prendre place au Barreau, & apportent dans des travaux sérieux leurs premiers goûts & leurs premiers penchans.*

## RÉPONSE.

cessité d'en éloigner tous ceux qui ont du goût pour la littérature ; maxime démentie par la pratique, comme tant d'autres hasardées dans cet Ecrit, & absurde même dans la théorie.

Dans le fait, il y a sur le *Tableau*, parmi ceux-mêmes qui ont signé la *Consultation*, des Avocats qui non-seulement ont fait des *Vers*, des *Tragédies*, ce qui est de toutes les occupations littéraires, la plus incompatible avec la *Jurisprudence*, mais qui se font permis, & dans un âge avancé, de les *jouer publiquement* ; ce qui dans nos mœurs est bien plus frivole, & bien plus indécent : ils n'en font pas moins restés sur le *Tableau*.

Dans le fond, rien de plus absurde que ce principe. La *Jurisprudence* est, ou doit être, par la nature même des choses, au moins sœur de la *Littérature*. Les Gens de Lettres font les *Avocats* de la raison & de la justice. Ils plaident pour elles au tribunal du public ; les petites sociétés particulieres, qui défendent les intérêts privés dans les Tribunaux ordinaires, ne font que des démembremens de cette société générale, qui travaille à l'accroissement des lumieres, & qu'on appelle *Littérature*. Elle est à la *Philosophie* ce que les *Mathématiques* font aux *Arts*. Le plus grand honneur & le plus grand mérite des Avocats est de lui apartenir en quelque chose. La Consultation est le premier monument où l'on ait osé établir une incompatibilité entr'elle & le Barreau. Et cette scission est d'autant plus honteuse, que c'est la malignité qui l'a opérée. Les *Consultans* qui viennent d'annoncer qu'on doit être *rayé* quand on a du penchant à la *satyre*, ne s'y sont déterminés que pour en faire une.

<table>
<tr><td>

## CONSULTATION.

*Toutes ces raisons déterminent à croire que les Magistrats ne peuvent faire aucune difficulté de déclarer le sieur* Roblein *non - recevable dans sa demande.*

seau , ils ont ordonné *Tableau de Poitiers.*

*DÉLIBÉRÉ à Paris, le 15 Avril 1775.
Signé, DUVERGIER.*

</td><td>

## REPONSE.

Toutes ces raisons ont déterminé les Magistrats à croire qu'ils ne pouvoient se dispenser d'accueillir la demande du sieur *Roblein*, & en conséquence , sur les conclusions de M. d'Aguesqu'il seroit inscrit sur le

Il n'y a rien à dire à M. DUVERGIER, *ignoti nulla cupido.*

</td></tr>
</table>

| CONSULTATION | REPONSE |
| --- | --- |

Appofée à la fuite de la précédente.

*LE CONSEIL foufli-gné qui a vu la Confulation ci-deffus :*

*EST D'AVIS que les Principes développés dans cette Confultation, font en effet CEUX QUI GOUVERNENT LES AVOCATS, & c'eft dans ces principes que fe trouvent les raifons de leur Difcipline.*

LE CONSEIL foufli-gné, qui a vu la Confultation, & fait les obfervations ci-deffus : EST D'AVIS que fi en effet ces principes gouvernent les Avocats, ils font très-mal gouvernés, & que fi l'on y trouve réellement les raifons de leur Difcipline, cette Difcipline eft un attentat contre la la juftice, contre les loix de l'honneur, contre le repos de la fociété en général. Pour achever de le démontrer, réfumons cet inconcevable Ecrit.

Il en réfulte que les Avocats ne font aftreints à aucune des régles que la politique, la juftice, le bon fens, ont forcé tous les *corps* d'adopter, & qu'ils ont pourtant tous les priviléges des *corps ;* que l'honneur & la délicateffe font l'ame de leurs fonctions, & qu'on peut en être privé fans *ignominie,* que leur miffion principale eft d'étudier les loix, d'en réclamer l'exécution, & qu'ils font difpenfés de les obferver entr'eüx ; qu'en excluant un de leurs Confreres, de leurs fonctions, ils le déclarent indigne de l'eftime & de la confiance publiques, & qu'ils ne lui *ôtent rien ;* qu'en le dégradant ainfi ils n'agiffent pas comme *Juges,* mais comme *Cenfeurs ;* que cette *Cenfure* eft incompatible avec les loix d'une Monarchie, & qu'on ne

E 2

peut la leur disputer en *France* ; qu'il n'est pas
permis aux Tribunaux de vérifier les opérations,
& qu'ils font obligés de les appuyer ; que tout ce
que la juftice a à faire dans leurs démêlés, c'eft de
leur prêter fa main & fon glaive, quand ils le de-
mandent, & de frapper fans examen, comme
fans réflexion, la tête qu'ils lui indiquent ; qu'enfin
la fauve-garde de leur honneur, le Palladium de
leur délicateffe, fans lefquels il ne faut plus compter avoir de vrais Avocats au monde, c'eft le
droit d'appliquer la même peine à la méprife & à
la fcélérateffe, à l'erreur & au crime, fans s'ex-
pliquer fur la différence, & d'exécuter, par le miniftere des Magiftrats, des Arrêts de mort, non-
feulement fans énoncer des motifs, mais fans en
avoir.

## CONSULTATION.

*Sans doute, le genre
de pouvoir qui réfulte de
là, femble un pouvoir re-
doutable. Mais qui pourroit s'en plaindre ?*

*Ce feroient les Avocats
feuls. Déja affujettis, en
qualité de Citoyens, aux
loix générales, ils le font
à ces ufages fi rigoureux
qui leur font propres. Cependant, loin de mur-
murer contre le joug qui
pefe fur eux, on les voit
tous fe féliciter de le porter, tant parce qu'il fait
leur fûreté commune, que*

## REPONSE.

Quiconque en feroit
victime.

Tous ! Quelle im-
pofture ! on vient de
voir les fruits de cette
adminiftration, quant au
Public, & quant aux
Avocats, je défie, je le
répéte, qu'il s'en trouve
un feul, qui ofe aujour-
d'hui joindre fon nom à
ceux qui ont figné la
Confultation, certaine-
ment fans la lire.

*parce que fur-tout l'intérêt public auquel ils fe font voués, y eft effentiellement attaché. C'eft le public qui recueille les fruits d'une adminiftration dont les Avo-cats fupportent avec joie toute l'auftérité.*

| CONSULTATION. | REPONSE. |
|---|---|
| DÉLIBÉRÉ *à Paris le* 15 *Mai* 1775. | DÉLIBÉRÉ à Paris le 12 Août 1775. |

|  |  |
|---|---|
| ROUSSELET, *ancien Bâ-tonnier.* | LINGUET. |
| RIGAULT, *ancien Bâ-tonnier.* | Si l'on trouve ce nom ainfi ifolé incapable de contrebalancer le poids de ceux qui chargent la colonne ci-contre, on peut ajouter dans celle-ci, |
| CELLIER. | |
| DE LAMBON, *ancien Bâtonnier.* | |
| D'OUTREMONT. | |
| BABILLE. | |
| AUBRI. | L'HONNEUR, |
| CLÉMENT. | LA JUSTICE, |
| DANDASNE. | LA RAISON, |
| LÉGOUVÉ. | LA VÉRITÉ, |
| ELIE DE BEAUMONT. | LA DÉLICATESSE, |
| TARGET. | toutes *Vierges* qui cer-tainement font de l'avis |
| VERMEIL. | de la Confultation de Me |
| LEON. | Linguet, & mettront au moins l'équilibre. |